Ludwig Volz
Lebensfragen im Religionsunterricht
der Grundschule

Unterweisen und Verkünden 15

Herausgegeben von Günter Stachel

Ludwig Volz

Lebensfragen im Religionsunterricht der Grundschule

Mit Beiträgen von Christian Hübener,
Marianne Schuh, Günter Stachel, Willi Stengelin,
Klemens Tilmann und Ludwig Volz

Benziger Verlag

Hergestellt im Graphischen Betrieb Benziger Einsiedeln
ISBN 3 545 26017 8

Inhalt

Vorwort

Dieses Buch ist für den Praktiker geschrieben. Es bietet dem Grundschullehrer für seinen Unterricht über Lebensfragen viele Anregungen und praktische Beispiele. Aber es verbindet mit der Praxis auch ein gesundes Maß von Theorie. So beginnt es mit einer kurzen biblischen und pädagogischen Grundlegung und führt diese theoretischen Erwägungen zwischen den praktischen Beiträgen bis zum Ende fort. Obwohl mehrere Autoren daran gearbeitet haben, versteht sich das Buch als ein Ganzes und will als Ganzes gelesen werden.

Das Buch verzichtet bewußt auf Kritik an bisherigen Entwürfen zur sittlichen Unterweisung in der Grundschule. Kritik ist notwendig und förderlich, ist aber zum gegenwärtigen Zeitpunkt an diesen Entwürfen bereits genug geübt. Es möchte auf dem Bisherigen aufbauen und neue Wege weisen.

Schließlich soll es eine Ergänzung sein zu dem in dieser Reihe erschienenen Band meines Lehrers Günter Stachel zum «Unterricht über Lebensfragen» in der Oberstufe.

Ludwig Volz

Biblische und pädagogische Grundlegung

I. Unser Herz ist gefordert

Jesu Predigt vom Willen des Vaters

Wenn Jesus vom Willen des Vaters sprach, war es für die Zuhörer sicher schwer, seiner Predigt zu folgen. Sie hatten andere Vorstellungen vom Willen Gottes. Wohl hätte es in ihre Vorstellungswelt gepaßt, wenn Jesus die Forderungen des Gesetzes einfach radikal verschärft hätte. Es wäre auch verstanden worden, wenn er die Buchstabenstrenge der Gesetzeserfüllung gemildert oder aufgehoben hätte. So aber tat Jesus beides und tat es doch nicht. Wie sollten seine Zuhörer das begreifen? Seine Predigt verlangte von ihnen die Mühe eines gründlichen Umdenkens.

Wie dachte der fromme Jude zur Zeit Jesu über den Willen Gottes?[1] Die Frommen in Israel waren der Überzeugung, daß Gott ihnen für jede Gelegenheit und jede Lebenssituation eine Verhaltensregel gegeben hat. Sie nannten diese Regel das Gesetz. Das Gesetz war zum Teil in der Heiligen Schrift fixiert. Aber das hier Festgehaltene reichte für viele Situationen des konkreten Lebens nicht aus. So trat ein reicher Schatz mündlich tradierter Regeln hinzu. Diese wurden von Generation zu Generation durch die Lehrer Israels weitergegeben. Sie legten einerseits das in der Heiligen Schrift enthaltene Gesetz genau aus und suchten andererseits die Geltung des Gesetzes auf weitere Fälle, die im täglichen Leben auftauchten, auszudehnen. Unter dieser geschriebenen oder mündlich tradierten Norm stehend, wußten die Frommen ihr ganzes

[1] Vgl. dazu W. G. Kümmel, Die Theologie des Neuen Testaments, Göttingen 1969.

Leben von Gott geordnet. Sie sahen im Gesetz ein Werk der Barmherzigkeit Gottes. Gott in seiner Güte läßt den Frommen nicht in Verlegenheit kommen, eine Entscheidung frei fällen zu müssen, trägt doch freies Handeln immer die Gefahr in sich, Gottes Willen zu verkennen und sich gegen Gott zu versündigen. Josephus schreibt: «Unser Gesetzgeber ... überließ nichts, auch nichts von den kleinsten Dingen, der freien Willensentscheidung derer, für die sein Gesetz bestimmt war ..., damit wir unter ihm (d.h. dem Gesetz) wie unter einem Vater und Herrn lebten und weder mit Willen noch aus Unkenntnis sündigten» (Josephus, Gegen Apion II § 173 f.).[2] Wer das Gesetz am besten kannte, hatte die meisten Chancen, Gottes Willen zu erfüllen. Deshalb war es die vornehmste Aufgabe des Frommen, das Gesetz zu studieren und immer besser kennenzulernen. Gott nicht wohlgefällig und deshalb verachtenswürdig war der, der das Gesetz nicht kannte und sich nicht mühte, es kennenzulernen. Er verachtete die Liebe Gottes, die sich im Gesetz manifestierte, und schloß sich von der Liebe Gottes aus.

Dieses Denken birgt gefährliche Abgründe. Unmerklich schiebt sich zwischen Gott und den Menschen das Gesetz als der ein für allemal fixierte Wille Gottes. Auch zwischen Mensch und Mitmensch schiebt sich das Gesetz. Partner des Menschen ist nicht mehr der andere Mensch, sondern das Gesetz. Es regelt, was der eine dem andern schuldig ist und was nicht. Nicht die konkrete Not des Mitmenschen ruft zum Handeln, sondern das Gesetz, das es an ihm zu erfüllen gilt. So wird der Mitmensch leicht in seinem Eigenwert übersehen und zum Objekt der eigenen Gesetzeserfüllung gemacht. Dieses Denken steckt hinter der Frage des Gesetzeslehrers, mit der die Perikope vom barmherzigen Samariter eingeleitet wird (Lk 10,25–37). «Wer ist mein Nächster?», fragt der Gesetzeslehrer. Er meint: Wer ist das geeignete Objekt, an das ich meine Liebe nach dem Gesetz sinnvoll verschwende, damit ich der Verheißung des Gesetzes teilhaftig werden

[2] Ders., S. 45.

kann? Nicht der andere Mensch ist ihm wichtig, sondern allein die Gesetzeserfüllung, die er zu leisten hat. Er denkt dabei nur an sich. Jesus wendet sich gegen dieses Denken, indem er in der Perikope auf diese Frage keine Antwort gibt.

Die Geschichte vom barmherzigen Samariter deckt einen zweiten Abgrund auf. Warum gehen der Priester und der Levit am Überfallenen vorüber? Nach Auskunft der Exegeten waren es vermutlich die Reinheitsgesetze, die sie daran hinderten, dem Überfallenen zu helfen. Beide mußten die Not des Menschen übersehen, weil die Reinheitsgesetze dazwischenstanden. So zeigt die Geschichte, wie der Gesetzesmensch vom Gesetz dermaßen blockiert sein kann, daß er keinen Blick mehr hat für den lebendigen Willen Gottes in der konkreten Situation.

Oft klagt die Schrift darüber, daß die Gesetzeserfüllung eine rein äußerliche bleibt. Ein Gebot muß erfüllt werden, und das ist genug. Damit es aber als vollzogen gilt, muß es möglichst buchstabengetreu erfüllt werden. Das Innere kann unbeteiligt bleiben.

Einen weiteren Abgrund beleuchtet das oben zitierte Wort von Josephus. Josephus zeigt, daß das Gesetz dem Frommen in Israel Sicherheit geben sollte. Man fühlte sich durch den Besitz des Gesetzes, das Ausfluß der Güte Gottes ist, geborgen. Es ist die Geborgenheit des kleinen Kindes, das glücklich ist, wenn es genau weiß, wie es sich die Liebe der Mutter erhalten kann. Das Gesetz steckt für den Israeliten die Grenzen ab, innerhalb derer er sich der Liebe Gottes teilhaftig glaubt oder innerhalb derer er sich dem Zorne Gottes entziehen kann. Der Kluge wird also immer nur bis zur Grenze dessen gehen, was geboten oder verboten ist. Vielleicht bleibt er auch schon einen Schritt vor der Grenze stehen, damit er nicht aus Versehen hinübertappt. Man kann sich das Himmelreich sichern, und man versichert sich, indem man zweimal in der Woche fastet, den Zehnten gibt usw. Man kann vor Gott Ansprüche geltend machen. Man kann Gott vorrechnen, was er einem schuldig ist. Seine Liebe wird ma-

nipulierbar und regulierbar. Er wird seiner Freiheit beraubt und damit seiner Güte und Barmherzigkeit.
Qualvoll wird es, wenn man sich in das Maschennetz des Gesetzes verstrickt hat und keinen Anspruch mehr geltend machen kann. Dann wird die Kurzsichtigkeit und Not dieses Denkens offenbar. Jesus kennt diese Not. Er spricht in diese Not die Frohe Botschaft von der viel größeren Liebe des Vaters im Himmel. Nur auf dem Hintergrund dieser Frohen Botschaft läßt sich verstehen, was Jesus vom Willen des Vaters und dem Gehorsam des Menschen predigt.
Zunächst scheint Jesus die Grenzen zu verwischen und die Menschen zu verunsichern. Das wird in der Bergpredigt deutlich. Die markierte Grenze hieß: «Du sollst nicht töten, wer aber tötet, der soll dem Gerichte verfallen sein» (Mt 5,21). Jesus lehrt: «Ich aber sage euch: jeder, der gegen seinen Bruder zornig ist, soll dem Gerichte verfallen sein. Wer aber zu seinem Bruder sagt: ‹du Dummkopf›, soll dem Hohen Rate verfallen sein. Und wer sagt: ‹du Narr›, der soll der Feuerhölle verfallen sein» (Mt 5,22). Also nicht erst der Mord ist Übertretung des Gesetzes, sondern bereits der Groll gegen den Bruder. Jesus «fordert radikalen Gehorsam, der weit über die Befolgung des bloßen Wortlauts der Gebote hinausgeht. Es ist also nicht damit getan, daß wir das Gesetz halten, wie wir ein Polizeigesetz halten. Wenn dieses eine Geschwindigkeit von höchstens 60 km vorschreibt, dann möchten wir zwar gerne schneller fahren, halten uns aber wegen der zu riskierenden Buße an die gesetzte Grenze, holen dabei aus unserer Freiheit jedoch soviel wie nur möglich, eben 60 km, heraus. Daß wir lieber noch schneller fahren möchten und daß wir bis zum Maximum des Erlaubten gehen, ist in keiner Weise Übertretung des Gesetzes. Jesus aber sagt, das von Gott verbotene Töten beginne schon im Herzen des Menschen beim Wunsch, und das Gebot sei damit nicht erfüllt, daß wir nur bis knapp an die Grenze herangehen, ohne sie zu überschreiten, daß wir also den andern nur halbtot schlagen».[3] Analoges läßt sich

zu den Sprüchen vom Ehebruch, vom Meineid und von der Feindesliebe sagen. Jesus scheint also ein Rigorist zu sein, der das Gesetz verschärft, die Grenzen noch enger zieht und keinerlei Spielraum mehr läßt. Dagegen aber sprechen viele andere Stellen des Evangeliums. Mit einer «merkwürdigen Nachlässigkeit» (E. Schweizer) spricht Jesus vom Gesetz zu dem reichen Mann, der ihn nach dem Weg zum Leben fragt. Es fällt auf, daß Jesus jüdische Gesetze einfach übergeht oder gar aufhebt. Er verkehrt mit Sündern. Er setzt sich mit Zöllnern an einen Tisch. Er übersieht jüdische Reinheitsgesetze. Er läßt seine Jünger sich sattessen, während andere fasten. Er erlaubt den Jüngern am Sabbat Ähren zu rupfen, weil sie Hunger haben. Er wagt am Sabbat zu heilen und erklärt seinen Gegnern, daß er damit Gottes Wille tue. Er hebt das Ehescheidungsgesetz auf und das «Du sollst deinen Feind hassen». Und doch verbieten die oben erwähnten Worte aus der Bergpredigt zu sagen, daß es Jesus darauf ankäme, nur die Härte des Gesetzes zu mildern oder das Gesetz auf die Höhe seiner Zeit zu bringen.

Wie aber sind die Rede Jesu vom Willen des Vaters und sein Tun zu verstehen? Das Hauptgebot der Liebe gibt den entscheidenden Hinweis. Es fordert, Gott von ganzem Herzen, ganzer Seele, ganzem Gemüt und ganzer Kraft zu lieben. «Wenn ich Gott von ganzem Herzen, ganzer Seele, ganzem Gemüt und ganzer Kraft lieben soll und meinen Nächsten wie mich selbst, dann ist mein Herz gefordert.»[4] Ich werde mit meinem Herzen nicht an ein Gesetz verwiesen, sondern an Gott den Herrn selbst und an den andern Menschen unmittelbar. Bin ich mit meinem Herzen an den Mitmenschen verwiesen, dann ist es selbstverständlich, daß Gottes Wille nicht erst verletzt wird, wo ich den Mitmenschen töte, sondern bereits wo ich ihn beschimpfe und innerlich ablehne, d.h. mit dem Herzen ablehne.

[3] Eduard Schweizer, Jesus Christus, München 1968 (Siebensterntaschenbuch), S. 34.
[4] Ders., S. 37.

Ist das Herz gefordert, weiß jeder Ehepartner, daß er den andern nicht erst verletzt, wo er die Ehe bricht, sondern schon dort, wo er sich innerlich von ihm abwendet, um sich einem andern zuzuwenden. Wo die Liebe des Herzens alle menschlichen Kräfte aktivieren soll, kann sie nicht vor dem Feinde haltmachen. Sie kann nicht auf halbem Wege stehenbleiben. Alles Halbe ist Jesus ein Greuel. «Das Gute, was es zu tun gilt, soll ganz getan werden.»[5]

Wo das Herz spricht, kann das Gesetz zurücktreten. Es steht nicht mehr zwischen Gott und dem Menschen, zwischen dem Menschen und dem Mitmenschen. Nicht mehr das Gesetz hat zu sagen, was zu tun ist, sondern der An-Spruch, der mir von Gott und dem Bruder entgegenkommt. Mein Herz vernimmt ihn und antwortet mit «ganzer Kraft». Deshalb gibt Jesus dem Gesetzeslehrer auf die Frage «Wer ist mein Nächster?» nicht eine Aufzählung von Nächsten. Er führt dem Gesetzeslehrer mit der Geschichte vom barmherzigen Samariter eine konkrete Situation vor Augen und zeigt, wie einer handelt, der weiß, daß sein Herz gefordert ist. Im Gegensatz zum Priester und Leviten hört der Samariter den Ruf des Bruders und tut nüchtern und sachlich das, was in dieser Situation notwendig ist. Er bringt keine Gebote in Anwendung und hält sich nichts zugut auf sein Handeln. Selbstlos greift er zu, weil der Bruder seine Hilfe braucht. Er nimmt sich dessen Not zu Herzen. Er erfaßt den lebendigen Willen Gottes und leistet ganzen Gehorsam.

Es wäre mißverstanden und falsch, wollte man jene Jesusworte «Ich aber sage euch . . .» auch wieder buchstabengetreu erfüllen. Diese Sätze wollen nicht neue Normen setzen, die man durch ein rein äußerliches Verhalten erfüllen könnte und müßte. Es kommt nicht darauf an, «einer äußeren Autorität genugzutun, sondern ganz gehorsam zu sein».[6] Jesus will keine neuen Barrieren aufbauen zwischen Gott und dem Menschen, zwischen dem

[5] R. Bultmann, Jesus, Tübingen 1951, S. 79.
[6] Ders., S. 81.

Menschen und dem Mitmenschen. Die Sätze wollen in erster Linie beispielhaft zeigen, wie das ist, wenn Gottes Wille direkt am Ruf des Mitmenschen und der Dinge in dieser Welt abgelesen wird und unter Beteiligung und Einsatz des ganzen Menschen Gehorsam geleistet wird.
Wenn Jesus vom Willen Gottes spricht, will er auch «kein soziales oder politisches Programm aufstellen, wie ein ethisches System, das von einem Idealbild des Menschen und der Menschheit ausgeht, oder eine Wertethik. Er kennt nicht den Begriff der Persönlichkeit und der Tugend (auch bei ihm fehlt dies Wort, das sich erst im hellenistischen Christentum findet); und wie er keine Tugendlehre hat, so keine Pflichtenlehre, keine Güterlehre. Es genügt, daß der Mensch wisse, daß Gott ihn in seiner konkreten Lebenssituation, im Hier und Jetzt, in die Entscheidung gestellt hat.»[7] Der Herr will unser eingekrustetes Herz wieder zum Leben erwecken für die, «die er uns über den Weg schickt» (E. Schweizer). Er möchte die Blindheit von unseren Augen nehmen, daß wir die Not des Bruders sehen und selbst überlegen, was zu tun ist. Taube Ohren sollen geöffnet werden, damit sie die Botschaft von der Liebe Gottes vernehmen und den Schrei des Bruders in seinem Elend nicht überhören. Die Angst soll uns genommen werden, uns selbst sichern zu müssen durch getreue Gesetzeserfüllung. Jesus spricht dem Menschen Mut zu, in Freiheit und Freude die Initiative zu ergreifen und zu handeln, wie es der jeweiligen Situation entspricht. Im Gleichnis von den anvertrauten Talenten wird der verurteilt, der, aus Angst vor der Strenge des Herrn sich selbst sichernd, den Schatz ängstlich aufbewahrt. Die aber werden belohnt, die in Freiheit auf die Liebe des Herrn vertrauend zu handeln beginnen und mit dem Einsatz ihrer ganzen Person den ihnen anvertrauten Schatz verdoppeln (Mt 25,14–30, Lk 19,11–27).
Da Hand in Hand mit der Verkündigung des Willens Gottes die Botschaft von der größeren Liebe des Vaters er-

[7] Ders., S. 94.

geht, ist diese Predigt geeignet, den Menschen froh und frei zu machen. Diesem Vater geht es nicht darum nachzurechnen. Sein Wunsch ist, daß wir uns wie Kinder von ihm beschenken lassen und sein Geschenk in Freuden annehmen wie der verlorene Sohn. Wir dürfen darauf vertrauen, daß er für uns sorgt und sich um uns kümmert (Mt 6,25 ff). Er wird als guter Vater unser Bittgebet hören und «denen den guten Geist geben, die ihn darum bitten» (Lk 11,13). Seine Liebe und Barmherzigkeit soll Ansporn für die unsere sein (Mt 18,21–35). All das soll uns die nötige Geborgenheit, Rückendeckung und Freiheit geben, um uns in dieser Welt dem andern ganz zuwenden zu können. Daß das ein Wagnis ist und bleibt, zeigt das Schicksal Jesu. Aber die Liebe Gottes weiß dieses Wagnis mit der Auferweckung und Ewigem Leben zu beantworten.

Zusammenfassend kann gesagt werden:

Es geht nach dem Evangelium dem Herrn nicht darum, daß einer genau alle Gesetze, Gebote und Normen kennt und sie möglichst buchstabengetreu ausführt, damit er etwas aufzuweisen hat und sich vor sich selbst verantworten kann.

Es geht vielmehr darum, daß das Herz offen ist für den lebendigen Willen Gottes, der dem Menschen im An-Spruch dieser «Welt» begegnet. Es gilt diesen An-Spruch von ganzem Herzen zu beantworten und damit «die Welt» zu verantworten. Das Gebot der Liebe gibt die Grundstimmung des Handelns an: Unser Herz ist gefordert.

Gesetze, Gebote und Normen werden nicht verachtet. Sie behalten ihre Gültigkeit und Wichtigkeit als Helfer, Richtungsweiser, Mahner und auch Ankläger, wenn unser Herz in der konkreten Situation Verrat üben will an dem, was uns zur Aufgabe geworden ist. Sie haben eine dienende Funktion.

II. Der Mensch als Sachwalter und Mitmensch

Der An-Spruch der «Welt»

Der biblische Befund muß für die Behandlung der Lebensfragen im Religionsunterricht Konsequenzen haben. Man kann wohl feststellen, daß der Weg zur «Einsicht» über Normen geht. Das kleine Kind braucht Normen, denen es gehorchen muß, wenn es überleben soll. Es muß ihm gesagt werden: Spiele nicht mit Streichhölzern! Renne nicht über die Fahrbahn! Bleib auf dem Fußweg! Gehe jetzt ins Bett! Es muß folgen, ob es die Notwendigkeit einsieht oder nicht. Mehr und mehr aber muß das Kind der «Einsicht» überantwortet werden, der «Einsicht» in die es umgebende Welt.

Es ist deshalb falsch, wenn wir im Religionsunterricht noch einmal in dieselbe Kerbe hauen und die Kinder in Gebote einführen. Dabei ist es gleichgültig, ob wir vom Gebot ausgehen oder induktiv zum Gebot hinführen oder ob wir ihnen einfach die Fertigkeiten einer christlichen Lebensführung vermitteln wollen. Auf jeden Fall werden wir damit verhindern, daß die Kinder zu einem dynamischen Verständnis des Willens Gottes kommen, zu dem Verständnis, das Jesus lehrt. Oder wir hoffen und verlangen, daß sie alle noch einmal im späteren Alter sich freischwimmen und den ganzen Umdenkungsprozeß, den Jesus seinen Zuhörern zumuten muß, vollziehen. Daß das nicht gelingt, zeigt die Erfahrung. Das einmal eingelernte Verständnis bleibt, und sie sind dazu prädestiniert den Abgründen zu verfallen, von denen wir oben gesprochen haben. Dazu eröffnet sich ein neuer, den man vor wenigen Jahrzehnten noch nicht erahnen konnte. Mit dem Schwinden der Autorität fällt eine auf Normen gegründete Moral zusammen. Ist die Autorität schwach geworden – sei es die der Kirche, die des Staates oder die der Gesellschaft –, werden die Normen über Bord geworfen, und der Willkür, der Selbstsucht und der Maßlosigkeit sind Tür und Tor geöffnet, wenn der Mensch nicht gelernt hat, die Welt als Aufgabe zu sehen, sich von dieser Welt in die Menschlichkeit rufen zu lassen und sie zu verantworten. Die gegenwärtige Krise, in der der Absolutheitsanspruch der Normen nicht mehr glaubwürdig scheint, bestätigt das.

Wie aber sollen wir vorgehen, damit wir unsere Kinder in dem Verständnis vom Willen Gottes ansiedeln, das Jesus als das richtige verkündet hat und das sie vor all den Irrwegen bewahrt? Einen entscheidenden Fingerzeig kann uns eine Richtung moderner Pädagogik geben. Sie kann, wie Klaus Schaller meint, dem Theologen «eine klarere Einsicht in seine eigene Sache in ihrem pädagogischen Aspekt» geben. Diese Richtung der Pädagogik nennt sich Pädagogik der Entsprechung, und sie entspricht in ihrem Denken oft in verblüffendem Maße dem, was wir oben im Evangelium gefunden haben.

Es ist nun nicht möglich und auch nicht nötig, das Denken dieser Pädagogen hier erschöpfend darzustellen. Es sei nur auf einige Ansätze verwiesen, die uns andeuten, in welcher Richtung unser pädagogisches Bemühen bei der Behandlung von Lebensfragen gehen muß.

Der Pädagogik der Entsprechung geht es nicht um eine Persönlichkeitsbildung, wenn unter Persönlichkeit der Mensch zu verstehen ist, der «seine entwickelten, entfaltenen Kräfte den Normen einer Sittlichkeit, seien diese von seiner Vernunft herausgestellt oder als gegeben von ihm selbst anerkannt, freiweillig unterworfen hat».[8] Sie ist gerade im Gegensatz und in der Auseinandersetzung mit der Pädagogik der Persönlichkeitsbildung jeglicher Richtung entstanden. Letztere ist in ihrem Grundansatz nicht christlich. Sie spricht ständig von Selbstvervollkommnung, Selbstwerdung und Selbstvollendung und basiert immer auf einer geheimen oder offenen Selbstsucht. «Gerade diese sublimierte Selbstsucht hat der Christ nicht nötig, da ihm die Sorge für seine Selbstvollendung und Selbstvervollkommnung von Christus auf Golgatha abgenommen worden ist. Christus hat ihn frei gemacht von der Sorge für sich selbst, frei zur selbstlosen Liebe am Anderen.»[9] Der «Persönlichkeit» geht es immer um ein Sich-Verantworten. Sie bezieht alles auf sich selbst. Der autonome Wille ist ihr höchstes Ziel. Ihr liegt daran, die Unschuld und Fehlerlosigkeit immer wieder vor sich selbst zu beweisen. Deshalb muß ihr Handeln möglichst konform sein mit den selbst gegebenen oder selbst anerkannten Gesetzen («Ich muß das vor mir verantworten können»). Es gilt, den Willen entsprechend zu motivieren, und die Krönung des ganzen Werkes besteht darin, daß der so motivierte Wille ohne jede Beirrung durch Willkür, Laune, Leidenschaften oder Angriffe von außen vollzogen wird. Dieser Mensch versteht sich allzu leicht als Mittelpunkt einer Welt, deren er sich zu seiner eigenen Vervollkommnung bedient und in der alles zu «Stoffen», Werten und Objekten für ihn wird. Mancher fromme Christ sucht nach Objekten seiner Nächstenliebe. Nächstenliebe muß er üben. Er braucht Werke der Nächstenliebe, «um in den Himmel zu kommen». So bedient er sich zum Beispiel des Kranken, dem er hilft. Nicht dieser konkrete Kranke ist ihm Antrieb und Anliegen, sondern seine Gebotserfüllung. Das scheint übertrieben. Aber steckt nicht hinter dem Ausdruck «ich tu's ja für Christus» oft ein solcher Egoismus? Natürlich ist ein gesunder Heilsegoismus nötig. Aber ein solcher übersieht den andern Menschen nicht. So fragt Klaus Schaller mit Recht, ob solche Erziehung nicht das Werk Christi verhindert. Im Grunde fußt diese Art Persönlichkeitsbildung auf einer falschen Interpretation des Menschen. Der Einzelne fühlt sich als Mittelpunkt und Bezugspunkt der Welt.

Für die Pädagogik der Entsprechung, der wir uns jetzt zuwenden, ist der einzelne Mensch nicht Mittelpunkt der Welt. Der Einzelne findet sich vielmehr hier in der Welt in einem Beziehungsgefüge vor. Er ist in vielfache Bezüge und Beziehungen hineingestellt. Da ist zum Beispiel seine Frau, seine Kinder, sein Haus, sein Garten, sein Auto; da

[8] u.[9] Klaus Schaller, Der Gebildete heute, Bochum 1962, S. 73 u. 78.

sind die Menschen, die ihm auf der Straße begegnen, wenn er mit seinem Auto ins Geschäft fährt; da sind die Arbeitskollegen; da ist ein Kranker. Diese Welt, in der er sich vorfindet, nimmt ihn in Anspruch. Die Frau will sich bei ihm geborgen fühlen; das Kind will erzogen werden; das Haus instand gehalten; der Garten umgegraben; das Auto gewartet; die Menschen auf der Straße wollen von ihm nicht überfahren werden; die Arbeitskollegen nicht betrogen, der Kranke will besucht sein. Alle fordern ihn an. Sie wollen in ihrem Sein nicht gefährdet werden. Sie rufen ihn, sich ihrer anzunehmen; ihr Sein zu bewahren; «Anwalt» ihres Seins zu sein; ihr Sein zu hüten; «Hirt» ihres Seins zu sein. Ihr Sein soll nicht geschmälert werden durch ihn. Sie rufen ihn, daß er ihnen zu ihrem Sein verhelfe, daß er sie «in die Fülle ihres Seins» kommen lasse. Sie wollen nicht vereinnahmt werden von ihm. Sie wollen nicht mißbraucht werden. Sie wollen freigegeben werden in ihrem Eigensein. Sie wollen geachtet werden. Sie wollen sachgemäß und mitmenschlich behandelt sein. Das heißt, sie rufen ihn zur Sachlichkeit und Mitmenschlichkeit, zur Liebe. Und er selbst gelangt in die Fülle *menschlichen* Seins, wenn er den Ruf der Welt vernimmt, sich in Anspruch nehmen läßt und sich als Sachwalter und Mitmensch der Welt annimmt wie der barmherzige Samariter.

«Nicht mit der physischen Geburt wird die Welt dem Menschen als Menschen aufgetan, sondern mit dem ersten Wort, das an ihn gerichtet wird. Die Mutter ist es zunächst, die das Kind anspricht, die es einfügt in das dem Menschen, und nur dem Menschen eigentümliche Weltverhältnis des An-Spruchs.»[10]

«In der In-Anspruchnahme ereignet sich die eigentliche Geburt des Menschen, und bestätigt wird sie dort, wo der Mensch sich auf diese ihm im Wort eröffnete Welt einläßt und ihr in seiner zunächst kindlichen Weise entspricht: im ersten Lächeln.»[11] «Menschliches Sein wird

[10] Ders., S. 82.
[11] Ders., S. 82.

nicht aus dem Menschen selbst unter Bereitstellung eines bestimmten Entwicklungsmilieus verwirklicht, sondern seine Möglichkeit überkommt den Menschen ‹von außen›, aus der ihm und nur ihm in der Weise des An-Spruchs eröffneten Welt. Was ihm bleibt, ist das Entsprechen, den An-Spruch zu vernehmen und auf ihn in Worten und Werken zu antworten.»[12] So kommt es in dem Verhältnis des Menschen zur «Welt», das wir Sachlichkeit und Mitmenschlichkeit oder Liebe genannt haben, auf ein Dreifaches an: «Erstens hat der Mensch Sachen und Mitmenschen so zu sehen, wie sie von sich her und für sich sind; zweitens hat er Sachen und Mitmenschen in die Fülle *ihres* Seins freizugeben; drittens hat er zu lernen, den Anspruch und den Ruf, der von Sachen und Mitmenschen an ihn ergeht, zu vernehmen und diesem Anspruch zu entsprechen.»[13]

Unter An-Spruch sind nicht «Ansprüche» zu verstehen. Das Fünfjährige stellt Ansprüche. Es will z.B. am Abend nicht ins Bett. Wenn der Mutter nun das Sein ihres Kindes am Herzen liegt, dann wird sie auf den Anspruch dieses Seins hören, und der lautet evtl.: das Kind braucht Schlaf, es muß pünktlich ins Bett. Sie wird dem Anspruch des Seins und nicht den laut vorgetragenen Ansprüchen des Kindes folgen.

Will sie den Anspruch des Seins vernehmen, muß sie «Einsicht» in das Sein des Kindes haben. Solche Einsicht muß man von einer Mutter verlangen. «Einsicht ist hier nicht Ergebnis eines intellektuellen Aktes, sondern mehr als dieser; eine Sicht, die mir im unmittelbaren Dabeisein, in unmittelbarer Verbundenheit mit der Sache ‹aufgeht›. In vertrauensvollem, in liebevollem Konspirieren (Mitatmen!) mit dem mir Anvertrauten erfahre ich das Sein des mir Anvertrauten als An-Spruch, ihn in meinen Worten und Taten zu erfüllen.»[14]

[12] Ders., S. 83.
[13] G. Mücher, Glaube und Erziehung, Ratingen 1967, S. 32.
[14] K. Schaller, a. a. O., 87.

Das Hören und Antworten auf den Anspruch des Seins des Kindes verlangt von der Mutter Selbstlosigkeit. Es ist für sie oft leichter und bequemer, das Vierjährige vor dem für das Kind schädlichen Fernsehapparat sitzen zu lassen, als, dem Anspruch des Seins des Kindes gehorchend, es anders zu beschäftigen. Askese wird vom Menschen verlangt, der dem Ruf des Seins gehorcht. Diese Askese dient jedoch nicht seiner Selbstvervollkommnung. Sie macht ihn frei «von den Ansprüchen seiner selbst für das, was ihm ... zu wahren aufgegeben ist».[15] Es ist eine «weltfreudige Askese», wie M. Buber sie nennt.

Handelt unsere Mutter aus Willkür, dann geht es ihr nicht um das Sein des Kindes. Sie sieht das Kind nicht als das, was es ist. Sie handelt nicht als Sachwalter (Anwalt des Seins) und Mitmensch. Ihr Verhältnis zum Kind ist nicht von der Liebe getragen, zu der sie das Kind ruft. Sie versündigt sich.

Einsicht in das Sein der Dinge setzt auch Wissen voraus; das Wissen, das wir heute haben und an dem viele Generationen gearbeitet haben. Es muß zwar ständig kritisch überprüft werden, aber der Einzelne ist nicht auf sich allein angewiesen. Er muß Teil haben am Wissen der heutigen Welt. Die Erziehung hat deshalb, um zur Einsicht führen zu können, auch Wissen zu vermitteln. Es gilt, sich weiterzubilden. Unsere Mutter muß – um beim Beispiel zu bleiben – die Ergebnisse psychologischer Forschung über die Wirkungen des Fernsehens auf das Kleinkind kennen, um einsichtig und mitmenschlich handeln zu können.

Nach diesen wenigen Andeutungen können wir schon keimhaft ermessen, welche Aufgabe die Erziehung hat und was in der Schule zu leisten ist, insbesondere bei der sittlichen Erziehung. Aufgabe unseres pädagogischen Tuns ist es, die Kinder zur Menschlichkeit zu führen. Sie sollen eintreten in dieses Verhältnis und sich von der

[15] Ders., S. 89.

«Welt» als Sachwalter und Mitmenschen hervorrufen lassen. Dazu ist ein Zweifaches notwendig: Unterricht und Erziehung.

Unterricht

Im Unterricht gilt es, dem Schüler die Welt zu erschließen; dem jungen Menschen die Augen zu öffnen und ihm die Dinge zu zeigen, wie sie sind. Der Lehrer zeigt «dem Schüler die Weltdinge, indem er ihn zu diesen hinführt – ob dieser ‹Lehrgang› nun im Klassenraum durch Wort, Bild, den Gegenstand selbst, durch Besichtigung der Sache an Ort und Stelle oder durch Einübung menschlicher Verhaltensweisen und gemeinsames Am-Werke-Sein geschieht.»[16]

Aber der Schüler muß nicht nur die Weltdinge sehen. Er muß auch ihren Ruf vernehmen. Er muß ihren Anspruchscharakter erfassen. Er muß die Welt als An-Spruch und Ruf erfahren. Das wird nicht gelingen, wenn die Dinge als «Stoffe» behandelt werden. Das wird auch nicht gelingen, wenn in der Schule ausschließlich wie in der Wissenschaft vorgegangen wird; denn der Auftrag der Wissenschaft ist nicht in erster Linie auf die Dinge zu hören, sondern sie systematisch zu befragen. In beiden Fällen aber bleiben die Dinge mehr oder weniger stumm. Im Unterricht dürfen sie nicht zum Schweigen verurteilt werden. Sie müssen zu reden beginnen. Ihr Anspruch muß hörbar werden. Der Schüler muß sie so «ein-sehen», daß sie ihm etwas zu sagen haben. Er muß Einsicht gewinnen in die Dinge und die Zusammenhänge, in denen sie vorkommen, und muß zur Einsicht kommen. «Das ist Sache des Unterrichtes. Er stellt den Menschen in eine unverstellte Welt hinein: in-stitutio»,[17] «daß er in ihr seine ‹Begabung› finde, jenen Weltbereich, dessen Wahrung ihm

[16] Ders., S. 90.
[17] Klaus Schaller, Die Krise der humanistischen Pädagogik und der kirchl. Unterricht, Heidelberg 1961, S. 99.

in seiner Individualität ans Herz gelegt ist!»[18] «Die Aufgabe kann nur darin bestehen, den zu Erziehenden die moderne Situation erfahren und einsehen zu lassen, nämlich die außerordentliche Verbindlichkeit einer Situation, in der der Einzelne nicht mehr aus der Sicherheit überlieferter Normen urteilen und handeln kann, sondern in dem unabwendbaren Anspruch selbständigen Ermessens in Wort, Werk und Tat steht.»[19] Genau das wird in den Unterrichtsbeispielen der folgenden Beiträge versucht.

Erziehung

Aus der Erfahrung weiß der Erzieher, daß sich der Schüler, obwohl er den Anspruch des Seins vernimmt, diesem immer wieder entziehen will. Das muß nicht Bosheit sein. Es ist zunächst eine notwendige Verhaltensweise, in der der Schüler dem Anspruch seines eigenen Seins folgt. Der Weg zum erwachsenen, reifen Menschen geht über Phasen der Selbstsuche und Selbstfindung, wie uns die Entwicklungspsychologie deutlich macht. «Nur wer auf diesem notwendigen (Um-)Wege ein Selbst und ein Ich geworden ist, kann eine Aufgabe als seine Aufgabe sehen und übernehmen lernen.»[20] Der Erzieher wird die Notwendigkeit dieser Phasen erkennen. Er wird sogar manchen Schüler zu solch phasengerechtem Verhalten ermuntern, wenn ihm das Sein des Schülers am Herzen liegt. Aber seine Aufgabe als Erzieher besteht darin, den Schüler nicht in dieser reflexen Selbstsucht zu belassen. Er muß ihr entgegenarbeiten. Der Schüler verfällt allzu leicht den Dingen und wird ihnen hörig. Er verfällt auch seiner eigenen Willentlichkeit, in der er zwar den Ruf der Dinge hört, aber nicht folgen will. Aus dieser Selbstsucht muß er herausgezogen werden. Es gilt, «den Menschen aus seiner eigenwilligen Selbstumstellung, aus seiner

[18] Klaus Schaller, Der Gebildete, S. 90.
[19] Theodor Ballauff, Schule der Zukunft, Bochum 3/1968, S. 30.
[20] Klaus Schaller, Der Gebildete, S. 92.

‹Befangenheit› und Selbsteigenheit, wo er selber sein Herr und Auftraggeber sein möchte, herauszuführen (e-ducare), das ist Sache der Er-Ziehung (e-ducatio)!»[21] Sie macht den Menschen bereit, auf den Ruf der Dinge zu antworten, dem Anspruch der Welt zu entsprechen.
Unterricht und Erziehung durchdringen einander. Im Unterricht geschieht Erziehung dadurch, daß der Unterricht in die Sache einführt und es der Sache nun überläßt, den Sachanspruch geltend zu machen. Der Sachanspruch zieht den Schüler. Er erzieht ihn, nicht das zu tun, was er will, sondern das, was notwendig und sachgemäß ist. Zum Beispiel geht eine Klasse lärmend über den Gang, ohne zu achten, daß andere Klassen dadurch im Arbeiten gestört werden. Wenn der Sachanspruch die Kinder erziehen soll, wird der Lehrer nicht «Ruhe» brüllen, sondern den Kindern verdeutlichen: in den andern Klassen wird gearbeitet. Durch diesen sachlichen Hinweis sollen die Kinder nun selbst zur Einsicht in das Notwendige kommen und dem Anspruch der Situation Folge leisten. Es geht um sachliche Inanspruchnahme und Entsprechung. «Nicht der Lehrer tritt mit Anspruch und Aufforderung an die Schüler heran, sondern er tritt nur als Sprecher eines sachlich und mitmenschlich Erforderlichen in Erscheinung. Es bleibt dem jungen Menschen überlassen, durch eigenes Nachdenken das Angemessene zu finden und Entsprechendes zu sagen oder zu tun. Auf diese Weise werden die Kinder in ihrer Menschlichkeit ernst genommen, nämlich als denkende Wesen. So wird ihnen Antwort und Verantwortung zugemutet. Daher wehrt sich auch der junge Mensch sehr schnell gegen Befehl und bloßen Gehorsam, da er sich dadurch seiner Menschlichkeit beraubt fühlt. Sie wird übersprungen. Im übrigen liegt in dieser Erziehungsweise ein fruchtbarer Übergang von Methodik zu Didaktik. Die Dinge werden nicht mehr zurechtgemacht, damit sie dem Schüler ‹nahe gebracht› werden können. Es geht nicht mehr darum, aus Kulturgü-

[21] Klaus Schaller, Die Krise, S. 99.

tern Bildungsgüter zu ‹machen,› um sie dann altersstufengerecht dem Schüler ‹anzubieten›. Vielmehr spricht jetzt der Lehrer von dem her, was sie Sache ist und was für sie gut ist; das Sachliche muß so einleuchtend werden, daß es den Jugendlichen ins Denken zieht. Erzwungen kann dieses Denken sowieso niemals werden.»[22]
Es wäre Utopie zu glauben, daß sich der Schüler diesem Sachanspruch in jedem Fall unterwirft. Tut er es nicht, will er nicht hören, «haben der reiche Katalog der Erziehungsmaßnahmen im engeren Sinne, wie Lob und Tadel, Belohnung und Strafe, und die mannigfachen ‹unsteten Erziehungsformen› zum Einsatz zu kommen.»[23] Es muß auch gesagt werden, daß Erziehung niemals Zwang vermeiden kann. «Zwang aber bedeutet von der Erziehung her gesehen, das Hineinstellen in die Notwendigkeit des Seins!»[24] Der Schüler muß lernen, daß man das, was man als richtig erkannt hat, auch tun muß. Die folgenden Unterrichtsbeispiele werden das Gesagte illustrieren.
Vergleichen wir den biblischen Befund mit den Thesen der Pädagogik der Entsprechung, so finden wir vor allem im Kernstück einen auffallenden Gleichklang. Die Grundstimmung des Verhältnisses des Menschen zur Welt ist in beiden die Liebe. Wenn die Pädagogik auf die Worte «Sachlichkeit» und «Mitmenschlichkeit» ausweicht, tut sie es aus praktischen Gründen. Der Begriff Liebe ist in unserem heutigen Sprachgebrauch zu ungenau. Die Hl. Schrift hat im Wort «Agape» einen genaueren Ausdruck. Diese «Agape» meint die Pädagogik, wenn sie von Mitmenschlichkeit spricht. Die Untersuchungen von O. F. Bollnow zum Begriff Menschlichkeit im deutschen Sprachgebrauch bestätigen diesen Gehalt des Wortes.[25]
Allerdings kann man nicht von «Agape» sprechen, wenn es um das Verhältnis des Menschen zu den Dingen in der

[22] Th. Ballauff, Schule der Zukunft, S. 36.
[23] Kl. Schaller, Der Gebildete, S. 92.
[24] Th. Ballauff, Systematische Pädagogik, Heidelberg 2/1966, S. 40.
[25] Vgl. O. F. Bollnow, Maß und Vermessenheit des Menschen, Göttingen 1962.

Welt, z.B. zu seiner Arbeit, geht. Hier passen die Worte «sachgemäß», «sachgerecht» und das Hauptwort «Sachlichkeit» besser. Man sollte also die Begriffe Sachlichkeit und Mitmenschlichkeit nicht verächtlich machen, da sie genau das ausdrücken, was der Herr im Liebesgebot aufzeigen will: Unser Herz ist gefordert. Der Bezug zur Gottesliebe aber bleibt für den Gläubigen gewahrt, da dieser pädagogische Ansatz Raum läßt für den An-Spruch Gottes. Der Blick für das Sein des andern und so auch für Gott wird in ihm frei. Darüber aber wollen wir in einem späteren Kapitel nachdenken.

Klemens Tilmann

Der Erfahrungsschatz der Schulneulinge

Viele Katecheten, die eine Klasse des ersten Schuljahres übernehmen, haben die Vorstellung: diese Kinder sind noch leere Blätter. Sie wissen noch nichts, was ich im Unterricht verwerten kann; jedenfalls ist es so bei den Kindern aus nichtgläubigen Familien. Ich muß ihnen nun von Gott erzählen, und von diesem Stoff her können wir dann weitergehen.

Eine solche Vorstellung führt dazu, die großen Erfahrungsschätze zu überspringen, die alle Kinder haben, sie also als nicht vorhanden zu betrachten. Das aber bedeutet, am gelebten Leben der Kinder vorbeizugehen; noch mehr: diese wichtigen, grundlegenden, unersetzlichen, tief eingeprägten, das ganze Wesen und Verhalten bestimmenden Erfahrungserkenntnisse im Bewußtsein der Kinder zu entwerten, indem sie unbewußt den Eindruck bekommen, daß diese, da sie im Unterricht nicht gebraucht werden, für das dort Besprochene nichts bedeuten. Bei solchem Verfahren bleiben jedoch nicht nur lebenswichtige Erkenntnisse der Kinder brach liegen, sondern die Unterweisung geht wahrscheinlich überhaupt in eine falsche Lebensschicht der Kinder: nicht in die der Erfahrungen, nicht in die, wo Kinder bereits intensiv gelebt haben, sondern in die, mit denen gegenüberstehende Wirklichkeiten pflichtmäßig aufgefaßt, verarbeitet und gelernt werden.

Die gemeinten Erfahrungen der Kinder haben einige Eigenschaften, über die wir uns klar werden müssen. Sie sind nicht reflektiert und darum nicht hell bewußt und prüfbar, wie etwas ausdrücklich Gelerntes. Sie ruhen in jener entscheidenden Mittelschicht zwischen dem Hellbewußten und Absichtlichen und zwischen dem Unterbewußten; in jener Schicht, wo Erleben, Angerührtsein,

Betroffensein, wo Liebe, Vertrauen, Dankbarkeit, Meditation, Gebet liegen. Sie sind darum einerseits sehr mit dem Kinde, seinem Empfinden und seiner Personmitte verbunden; sie sind auch leicht anzusprechen, bewußtzumachen und stehen dann für den Unterricht zur Verfügung. Anderseits sind sie nicht in Merksätze zu fassen, nicht repetierbar und schwer vom Verstand zu erfassen. Aber sie sind da als das Eigentliche und Wichtige, was die Kinder geprägt hat und in ihr Wesen eingegangen ist. Dieser Erfahrungsschatz ist erstaunlich groß. Es ist von hoher Bedeutung, daß er uns bewußt ist und daß wir ihn somit bei den Kindern ansprechen können. Denn vieles davon ist die unmittelbare Analogie, das Entsprechende für Vorgänge und Wirklichkeiten des Gottesverhältnisses. Sprechen wir die Kinder auf diese Erfahrungen hin an, so erreichen wir sie nicht nur in ihrem Innersten, sondern wecken in ihnen zugleich das Vorverständnis für das, was zwischen Gott und uns ist; für Gott und sein Verhalten zu uns sowie für unser Verhalten ihm gegenüber. Mir scheint, daß hier ein Neuland katechetischer Arbeit liegt, das in der nächsten Zeit erschlossen werden muß. Lang genug haben wir im Religionsunterricht einseitig die oberen Seelenkräfte angesprochen und uns später gewundert, wie wenig vom Religionsunterricht übrig geblieben ist. Manche Schritte sind wir schon in die Tiefe gegangen, etwa durch die Feiern oder Meditationsübungen. Ja ein weiterer, wichtiger Schritt scheint geschehen: Der neu erarbeitete Katechismus «glauben – leben – handeln» spricht immer wieder jene Schichten an, in der der Mensch sich engagiert, sich betroffen weiß, Stellung nimmt, Entscheidungen fällt, sein Leben einrichtet. Hier liegt sicher eine Wende in der Anlage unseres Religionsunterrichtes. Wer mit diesem Buch vor allem klares und wiederholbares Verstandeswissen erarbeiten möchte, wird mit ihm nicht zufrieden sein. «Nicht einmal Fragen und Antworten hat er», wird er sagen. In Wirklichkeit aber liegt in seiner Art, die Kinder mit Glaubens- und Lebenswirklichkeiten zur Begegnung zu bringen, eine Wende im

Religionsunterricht, eine Wende vom Erfassen des «kleinen» oberen, logischen Verstandes zur Begegnung und zum Kontaktgewinnen mit den großen Wirklichkeiten und den Geheimnissen Gottes und damit zum Gebrauch des «großen» Verstandes, zu dem auch die Tiefe gehört. Das Ergebnis des Unterrichtsvorganges ist dann nicht ein abfragbares Wissen, sondern die Erfahrung, daß diese Wirklichkeiten einen Lebenshunger stillen, sich darum für das ganze Leben lohnen und, einmal geschmeckt, einen nicht mehr loslassen.
Einen ähnlichen Schritt in die tieferen Seelenschichten tun wir, wenn wir uns vor aller Neuunterweisung fragen: Welche inneren Erfahrungen haben diese Kinder bereits gemacht? Was ist in sie eingegangen und hat ihre Auffassung vom Leben, von der Welt, von den Menschen, vom eigenen Schicksal bereits geprägt? Welche Eindrükke haben sie davon, wie es in der Welt zugeht? Diese Erfahrungen sind nicht abfragbar, darum nicht leicht kontrollierbar. Dafür liegen sie zu tief im Inneren. Aber sie sind ansprechbar. Sprechen wir von ihnen, so fühlen sich die Kinder im Innersten – und wie oft sind sie in diesem Bereich einsam – verstanden. Es entsteht eine intime Verbundenheit zwischen den Kindern und uns auf Grund der inneren Erfahrungen. Diese sind dann die Stufen, von denen aus wir zum echten religiösen Wissen und Verstehen aufsteigen können. Dann geht das Gespräch nicht um Worte, die uns die Kinder schnell nachsprechen, sondern um erweckte und erwachte Tiefe der Kinder, mit der das heilige Gegenüber verstanden wird, welches Gott ist.

In den Bereich der kindlichen Erfahrungen sei ein katechetischer Vorstoß versucht. Wir bringen eine Sammlung von Erfahrungen, die wohl alle Kinder bis zum 6. Lebensjahr gemacht haben, positive oder negative. Beim Durchgehen müssen wir zugleich bedenken, daß manche Kindererfahrungen und -erlebnisse eine Intensität haben, wie sie bei uns Erwachsenen selten sind, vom Erlebnis der Enttäuschung oder der Verlassenheit angefangen bis zu übermütiger und seliger Freude. Die Sammlung muß wohl nach vielen Seiten hin durchgearbeitet, verbessert und ergänzt werden. Aber sie kann eine Hilfe sein, daß wir uns auf den Weg begeben.

Ihre Bedeutung kann uns nochmals in neuer Weise klarwerden, wenn wir über dieses Alter hinaus ins spätere Leben schauen. Ohne bewußtgemachte und durchmeditierte Erfahrungen werden wir heute keinen Menschen wirklich zum Glauben führen oder für ein Leben aus dem Glauben ausrüsten können.[1] Zu lebendigen religiösen Erfahrungen aber wird ein Mensch nur schwer kommen, wenn er nicht die analogen zwischenmenschlichen Erfahrungen gemacht hat, weil er dann in jenen inneren Bezirken nicht erweckt ist und sich darum von dem, was die Worte meinen, keine wirkliche Vorstellung machen kann.

Hier nun die Sammlung:

Im Verhältnis zu den Eltern[2]

Die Kinder erfahren: geliebt werden, lieben, angenommen sein, aufgenommen sein, geborgen sein; Gemeinschaft, Sorge, Hilfe, Führung, Anleitung, Verbesserung, Ordnung und Grenze, Bestätigung, Anerkennung, Verbundenheit, Lob, Tadel, Strafe. Sich verfehlen, Fehler einsehen, bereuen, sich bessern, Verzeihung, guter Vorsatz, neues Versagen, Beschämung. Angehört werden, Fragen dürfen, Antworten bekommen. Rufen und gerufen werden. Getrennt sein und vereint sein. Sich öffnen, sich mitteilen wollen, sich mitteilen können, sich anvertrauen, verstanden werden, mißverstanden werden. Erwartung und Erfüllung oder Enttäuschung. Zuverlässigkeit der elterlichen Zuwendung, Sicherheit, Festigkeit, unwandelbare Treue,

[1] Vgl. «Wie kann man zu Erfahrungen der Wirklichkeit Gottes führen?», in: «Staunen und Erfahren als Wege zu Gott», Zürich/Köln 1968, S. 90–119; ähnlich Kat. Blätter 1968, S. 331–347.

[2] In meinem Buch «Die Führung zu Buße, Beichte und christlichem Leben», Würzburg 1961, S. 121–125, sind 39 Erfahrungen aus dem Verhältnis Kind–Eltern aufgezählt und ihnen die entsprechenden Erfahrungen im Gottesverhältnis gegenübergestellt. An dieser Aufstellung wird die Auswertbarkeit der kindlichen Erfahrungen besonders deutlich.

Glaubwürdigkeit des Daseins und das Gegenteil. Krankheit, Schmerz, Heilung. Beschenkt werden, bitten, danken, sich mit anderen freuen, in Gunst sein, außer Gunst stehen. Gehorchen, ungehorsam sein. Gute Absicht haben, selbstsüchtig handeln. Versprechen und Erfüllung. Auf das Wort der Eltern vertrauen. Grüßen, gegrüßt werden, Gutes wünschen, feiern, gemeinsames Gestalten. Im Einvernehmen stehen, Frieden haben, in Spannung stehen, in Konflikt sein, trotzen, sich in Trotz verrennen, auf die erlösende Liebe der Eltern angewiesen sein, eingestehen. Etwas wissen wollen, verstehen wollen, erklärt bekommen, begreifen, frei werden zu weiteren Schritten, aufleuchten eines Sinnes . . .

Im Umgang mit anderen Kindern und im Spiel
Stärker sein, schwächer sein. Zur Geltung kommen, Gefolgschaft erfahren, übergangen werden. Recht haben, Unrecht haben, Unrecht erleiden. Siegen, unterlegen sein. Etwas besser können, es anderen zeigen, es schlechter können. Verzagt sein, den Mut verlieren, verlassen sein, ausgeliefert sein; Verständnis finden, getröstet werden. Ein Ziel anstreben, das Ziel erreichen, auf Schwierigkeiten stoßen, sie überwinden, ihnen unterliegen, aufgeben, im Streben erschlaffen. Schenken, beschenkt werden. Im Teilen die Überwindung des Egoismus erfahren und die darauf folgende Beglückung zumal in der Antwort der anderen. – Gestalten, bauen, malen, sich auswirken, Einfälle haben. Eine Rolle übernehmen, sich ausprobieren, sich mit anderen vergleichen, im Wettbewerb stehen. Die Welt als freundlich, als feindlich erfahren. Frisch sein, müde sein. Verlangen, Stillung erfahren oder unerfüllt bleiben. Leisten und Versagen. Streit, Versöhnung, Verträglichkeit, Frieden; die anderen als Bereicherung oder als Einengung erfahren, als Verpflichtung sich einzuschränken und Rücksicht zu nehmen. – Ausgestoßen sein, nicht mitspielen dürfen; mittun dürfen, eine große Rolle spielen . . .

Erfahrungen mit Erwachsenen

Sie sind freundlich, offen, zugewandt, kümmern sich, reden an, sind hilfsbereit, freigebig, gehen auf Plaudern und Fragen ein, spielen mit, sind nett, lustig ... oder: sie sind verschlossen, gleichgültig, fremd, abweisend, behandeln die Kinder als seien sie nichts oder nur Störenfriede. – Oder: sie sind boshaft, gefährlich, spöttisch, nützen das Kind aus, schimpfen, unterdrücken es, sind selbstsüchig, jagen die Kinder aus dem Weg. – Den Erwachsenen gegenüber erfährt das Kind: Angst, Flucht oder Widerstand, sich durchsetzen, nicht nachgeben, sein Recht zu behaupten versuchen, sie umzustimmen oder sich zu fügen. – Der Besuch: vorbereiten, erwarten, abholen, kommen, begleiten; der Fremde wird aufgenommen, er wird vertraut, gehört wie zur Familie ...

Erfahrungen mit der Welt

Als ganze ist sie schön, bunt, lustig, neu, überraschend, verlockend, interessant, aber auch unsicher, verdächtig, bedrohlich, gefährlich, zur Abwehr oder Flucht zwingend. Die Welt wird als Lebensmöglichkeit erfahren zum Sehen, Spielen, Sich-Beschäftigen, Untersuchen, Ausprobieren, Sich-daran-Bewähren. – Die Dinge und ihre Eigengesetzlichkeit: Sie sind da, man muß sie hinnehmen. Die Dinge sind hart, weich, angenehm, eklig, unheimlich, gefährlich, zerbrechlich, solide, auseinandernehmbar, interessant, rätselhaft, neu, beschädigt, richtig, praktisch, brauchbar, gestaltbar, zum Liebhaben ... Lebewesen sind jung, alt, wachsend, bedürftig, empfindlich, Schutz verlangend, absterbend, verwelkend, tot ... – Die Zeit ist zu kurz, zu lang, eilig, langweilig; Vater erzählt von früher oder von dem, was kommt; warten, ungeduldig sein, nicht erwarten können ...

Erfahrungen eigenen Ausdruckes

Sprechen, singen, malen, zeichnen, hüpfen, tanzen, streicheln, auf den Schoß steigen, küssen, umarmen und umarmt werden. – Sich verstellen, unehrlich sein, diplomatisch sein, um etwas zu erreichen, sich schadlos halten, sich rächen . . .

Erfahrungen konkreter Einzelwirklichkeiten
Die genannten Erfahrungen sind in allgemeinen Bezeichnungen ausgedrückt. Zu ihnen kommt die unabsehbare Zahl der konkreten Einzelerfahrungen. Diese lassen sich nicht aufzählen, weil man nicht alle Dinge, Tiere und einzelne Menschen nennen kann, die die Kinder erfahren. Durch diese Gruppe erweitert sich der Erfahrungsschatz ins kaum Übersehbare.

Wenn wir diese Sammlung überblicken – und wie vieles fehlt in ihr – so möchten wir sagen: *Welche Welt der Erfahrungen!* Es ist, als ob das ganze Menschenleben schon da ist. Man versteht, was *Dostojewskij* mit dem Worte meint: «Kinder verstehen alles.» Es muß ihnen nur im Rahmen ihrer Erfahrungen nahegebracht werden.
Nun sollten wir uns ans Unterstreichen machen. Einmal alle Vorgänge unterstreichen, die es auch im Gottesverhältnis gibt. Wir werden viele unterstreichen müssen. Und dann in anderer Weise jene Erfahrungen hervorheben, die wir schon selbst einmal im Unterricht verwendet, an die wir die Kinder erinnert haben. Man braucht etwas ruhige Zeit, um diese Unterrichtsmöglichkeit einmal gründlich zu überprüfen und ihre Anwendung vorausschauend zu durchdenken.
Dabei kann sich auch die Frage einstellen: Welche Erfahrungen machen die Kinder *mit uns,* den Katecheten? Was von meinem Verhalten wird unbewußt, aber unauslöschlich in sie eingehen? Welches Verhalten könnte für die Kinder transparent werden für Gott? Gottes Güte z.B. erfahren die Kinder doch nur in der Güte der Erwachsenen. Und welche Erfahrungen verhindern dieses Hindurchleuchten?
Aber nicht nur für die Katechese des einzelnen scheint es hier etwas zu tun zu geben. Auch für die *Katechetik* öffnet sich hier, wenn nicht alles täuscht, ein wichtiges Gebiet.

Wenn es auch zum Wesen des Glaubens gehört, daß vieles gehört und angenommen wird, was der Erfahrung nicht zugänglich ist, so scheint doch die Zeit gekommen, in der man «Erfahrung» ähnlich stark betont wie «Anschauung» und «anschaulich». Das aber bedeutet ein tiefes Umdenken in der Anlage der Katechese.
Darüber hinaus ist aber zu diesem Gebiet noch eine weiterweisende Frage zu stellen, wenn sie auch in diesem Zusammenhang nicht behandelt werden kann: Wie weit ist es notwendig und möglich, *die Erfahrungen der Kinder,* zumal die negativen, *aufzuarbeiten,* etwa die Erfahrungen des Vaters und seiner Mängel oder der Welt und ihrer Übel; wie weit liegt darin eine notwendige und entscheidende Aufgabe für eine richtige Fundierung des Religionsunterrichtes; wie weit muß das geschehen, um so *heilend in den Lebensgrund der Kinder hineinzuwirken?* Erfahrungen sitzen tiefer als der Unterricht dringen kann und bestimmen unbewußt und bleibend die Lebenshaltung der Kinder. Sind die menschlichen Grunderfahrungen, die zu einem heilen Menschsein notwendig sind, nicht positiv gemacht, und sind die negativen Erfahrungen nicht aufgearbeitet, fehlt es zum Beispiel an Liebeserfahrung und dementsprechend am Urvertrauen und an Lebensbejahung, und werden diese Mängel nicht angegangen, so kann die ganze Glaubenswelt für das Kind unbewußt eine Scheinwelt werden, die eben mit seinen Lebenserfahrungen nicht übereinstimmt, und die Worte, die wir gebrauchen, sind, weil ihnen das Erfahrungsfundament fehlt, für die Kinder leer.
Auch hier ist der Katechetik eine Aufgabe für die nächste Zeit gestellt. Hat vielleicht hier die vielfache Erfolglosigkeit des Religionsunterrichtes eine wichtige Wurzel? Und wie muß die Glaubensunterweisung im ersten Schuljahr ansetzen? Wie ist die Aufarbeitung der negativen Erfahrungen möglich, damit den Kindern die Botschaft vom liebenden Vater und vom heiligen Gott glaubwürdig und vollziehbar wird, damit sie mit innerstem Vertrauen beantwortet und zur Grundlage des Lebens werden kann?

Marianne Schuh

Lebensfragen im dritten und vierten Schuljahr

I. Grundsätzliche Erwägungen

Unsere Aufgabe ist es, den Unterricht über Lebensfragen in der besonderen Situation der neun- bis elfjährigen Schüler im dritten und vierten Grundschuljahrgang zu erörtern. Es geht uns zunächst in erster Linie darum, Fragen aus dem Leben dieser Kinder aufzusuchen und auf ihre pädagogische Relevanz zu bedenken. Hinweise zu dieser Aufgabe finden wir bei den Ergebnissen der Entwicklungspsychologie und aus Beobachtungen der Lebensbereiche des Kindes: Schule, Familie, Freizeit. Dabei sind vor allem die sozialpsychologischen Probleme zu berücksichtigen, die von den jeweiligen Gruppierungen in diesen Bereichen aufgeworfen werden: Klassengemeinschaft, Spielgruppe, Geschwisterverhältnis, Beziehungen zu Eltern und Vorgesetzten. Schließlich soll noch ein Blick auf die speziellen Probleme meiner Klasse und einzelner Kinder geworfen werden. Daran müssen sich dann Überlegungen zur unterrichtlichen Behandlung, deren Ziele und mögliche Folgen anschließen.

1. Exemplarische Situationen aus dem Leben von neun- bis elfjährigen Kindern

Zunächst betrachten wir die verschiedenen Lebensbereiche der Kinder in diesem Alter. Dabei können unsere Beobachtungen nur relative Gültigkeit haben, weil bei jedem Kind unterschiedliche Voraussetzungen bestehen. Vor allem haben die verschiedenen Lebensbereiche beim einzelnen Kind einen verschiedenen Stellenwert. Das hängt zusammen mit der sozialen Herkunft und dem gesamten Lernprozeß, den das Kind durchlaufen hat.

a) Leben in der Familie

Die Primärgruppe des Kindes ist zweifellos in der Regel die Familie. In diesem Raum der Familie erwachsen dem Kind verschiedene Probleme. Im Vordergrund stehen wohl das Vater-Mutter-Verhältnis und das Verhältnis zu den Geschwistern. Die Personen der Eltern können für das Kind zum positiven oder negativen Autoritätserlebnis werden. Die Frage von Gehorsam und Ungehorsam und ihre Begründung schließt sich hier an. Erfahrene oder vermißte Elternliebe prägt den Charakter kindlichen Gehorchens. Denn ob Zwang und Angst die Motivation dafür bilden oder ob der Drang zur liebenden Antwort zur Erfüllung der elterlichen Forderungen führt, beeinflußt spätere Entscheidungen. Ferner ist es bedeutsam, mit welcher Haltung die Eltern Forderungen und Erwartungen an das Kind herantragen. Bemühen sie sich, diese an das Kind und seine Leistungskraft anzupassen und ihre Sinnhaftigkeit für das Kind einsichtig und verstehbar zu machen? Oder berufen sie sich einfach auf ihre angeborene Autorität, die sich vor keiner kindlichen Frage rechtfertigen muß? Eine Gehorsamshaltung, die von der Liebe und der (durchaus oft vordergründigen) Einsicht in die Sinnhaftigkeit eines Tuns getragen ist, fördert die Bereitschaft zum Einsatz auch in Situationen, die außerhalb der elterlichen Kontrollmöglichkeit bestehen.
Unerklärlich (weil unerklärt!) ist es dem Kind auch oft, warum es auf Wünsche verzichten soll, die es bei anderen Kindern erfüllt sieht. Gerade auf dem Weg zum sinnvollen Verzichtenkönnen wird das Kind meistens mit seinen Fragen allein gelassen.
An dieser Stelle soll nur angedeutet werden, daß der Unterricht dort ansetzen muß, wo die Eltern es versäumt haben, dem Kind zur Einsicht in die Sinnhaftigkeit der Gehorsams- und Verzichtforderungen zu verhelfen.
Welche Eltern haben noch nicht die Richtigkeit des Wor-

tes: «Kinder und Narren sagen die Wahrheit» in peinlichen Situationen erfahren! Es beleuchtet sehr anschaulich die Schwierigkeit, die Kinder in der Begegnung mit der «Moral» der Erwachsenen haben können. Warum sieht sich das Kind für einen Ausspruch, den es gegenüber Bekannten anläßlich eines Besuchs in voller Unschuld und Aufrichtigkeit getan hat, getadelt, den es bei anderer Gelegenheit aus dem Mund der Eltern gehört hat? Was für sonderbare Menschen sind die Erwachsenen, die je nach Bedarf zwei verschiedene Gesichter für die gleiche Person an den Tag legen können? Wie soll man jetzt wissen, wann man welches Gesicht zu zeigen hat? Über den Besuch der alten Tante zeigen sich die Eltern zwar wenig begeistert, machen dem Kind aber gleichzeitig klar, daß es lieb und freundlich zu sein hat (und geben ihm in dieser Hinsicht ein gekonntes Beispiel), weil eventuell eine Erbschaft oder auch nur eine Armbanduhr zur Erstkommunion auf dem Spiel steht. Wen wundert es da noch, wenn das Kind, hat es erst einmal sein Befremden darüber überwunden, mit dieser doppelbödigen Moral der Erwachsenen meisterhaft umgehen lernt?

Soll man auf eine ehrliche, aber kritische Auseinandersetzung im Horizont des kindlichen Fassungsvermögens verzichten, nur um dem Kind das Idealbild vom vollkommenen Erwachsenen zu bewahren? Darf man ihm nicht bewußt machen, wie fragwürdig oft der Erwachsene mit der Wahrhaftigkeit umgeht?

Konflikte des Kindes mit der Denkweise der Erwachsenen spielen sich nicht nur im familiären Rahmen ab. Welche Angst wird dem Kind oft durch unfreundliche Nachbarn und kinderfeindliche Vermieter eingejagt, die es mit seinem Spiel stört! Unsicheres, verschüchtertes Benehmen oder Frechheit ist seine Reaktion darauf. Hier sollte dem Kind unbedingt die angemessene Rücksichtnahme, aber auch sein eigenes Recht gegenüber diesen Leuten klargemacht werden. Andererseits provozieren auch Kinder Schwierigkeiten mit Erwachsenen, indem sie vor allem Menschen mit körperlichen Gebrechen oder sonderbarem Benehmen als Zielscheibe ihres Spottes benutzen. Ein zweiter wichtiger Gesichtspunkt im Familienleben ist das Geschwisterverhältnis. Hier liegt in der Regel ein unerschöpfliches Arsenal an Konfliktstoffen. Um nur die wichtigsten herauszugreifen: Eifersucht, Neid, benachteiligende Behandlung durch die Eltern, Bevormundung durch ältere Geschwister. Andererseits bieten sich aber auch positive Übungsmöglichkeiten für soziale Verhaltensweisen.

b) Leben in der Schule

Ein weiterer Lebensbereich ist die Schule bzw. die Klassengemeinschaft. «Die Klasse ist ein Feld, in dem das Kräftespiel vielspältiger, auch antagonistischer sozialer Grundkräfte: der Widerstreit von Anziehung und Abstoßung, von Sichdurchsetzen und Erleiden, Anspruch und Unterdrückung, Hacken und Gehacktwerden, Sympathie und Antipathie am Werke ist.»[1] Im Klassenzimmer vereinigen sich auf engem Raum und in kurzem Zeitablauf fast alle Möglichkeiten sozialer Beziehungen. Die Fragen der Autorität des Lehrers und das Verhältnis zu den Mitschülern rufen ähnliche Probleme hervor wie im familiären Bereich. Die sozialen Verhaltensweisen sind im Grunde gleich strukturiert wie auf allen Ebenen menschlichen Miteinanders. Deshalb dient es nicht nur dem Leben innerhalb der Klasse und des Unterrichts, sondern allen späteren Begegnungen des Schülers privater und beruflicher Art, wenn ihm an dieser Stelle beim Lösen der Konflikte geholfen wird. Vor allem das sozialpsychologische Problem des Außenseiters ist fast in jeder Klasse akut.[2] Wie verletzend kann es sein, wenn ein unbegabtes, häßliches oder schlecht angezogenes Kind den Spott seiner

[1] O. Engelmayer: Das Kindes- und Jugendalter, München 2/1966, S. 189.
[2] Vgl. dazu den Unterrichtsversuch, S. 60 ff.

Mitschüler ertragen muß.[3] Solche gar nicht seltene kindliche Grausamkeit ist oft gar nicht beabsichtigt. Vor allem haben Kinder nicht das Gespür für das Verletzende ihres Verhaltens. Zumindest sollte man den Versuch nicht scheuen, in den Kindern einen Sensus für Takt und Rücksichtnahme heranzubilden. Dasselbe gilt für Kameradschaftlichkeit und gegenseitige Hilfeleistung, und zwar nicht nur zwischen befreundeten Gruppen, sondern vor allem auch bei solchen Kindern, die sich nicht «riechen» können. Solche Fehden und Rivalitäten zwischen einzelnen Kindern oder Gruppen sollte man nicht einfach hinnehmen, sondern den Kindern Einsichten und Hilfen vermitteln, wie sie miteinander auskommen können.
Auch Ordnung und Unterrichtsdisziplin, die Spielregeln für den reibungslosen Ablauf des Unterrichts, die das Kind lernen muß, werfen mancherlei Konflikte auf. Warum soll es sich ruhig verhalten, wenn es viel lieber schwatzen möchte, warum zum Thema beitragen, wenn es viel lieber träumen möchte? Weshalb sauber schreiben, wenn es keine Lust dazu hat? Dies sind nur einige der Fragen, die sich dem Kind stellen. Gerade auf diesem Gebiet verfallen viele Pädagogen in eine Dressur, ohne dem Kind Verständnishilfen zu bieten, warum man auf dieser und jener Regel bestehen muß.[4]

c) Leben in der Spielgruppe

Neben Familie und Schule steht die Spiel- und Freizeitgruppe als dritter Lebensbereich des Kindes. Da hier ähnliche Probleme auftauchen wie in den vorher beschriebenen Bereichen, sollen nur einige der hervorstechendsten Situationen genannt werden.
Stärker noch als im Klassenverband treten gruppendynamische Prozesse auf. Zum Beispiel kann man die Rolle

[3] Vgl. L. Zenetti, Gottes frohe Kinderschar, München 2/1961, S. 15: «Jedes Kind, das schlechter gestellt oder irgendwie behindert und schwächer ist, wird – nicht selten bis zur Grausamkeit – verspottet oder sogar ausgestoßen.»
[4] Vgl. Unterrichtsversuch, S. 56 ff.

des Außenseiters fast in jeder spielenden Kindergruppe finden. Eine weitere schon erwähnte Voraussetzung für richtiges Spielverhalten besteht darin, daß sich das Kind an die Regeln hält. Viele Kinder geraten immer wieder bei Gemeinschaftsspielen in Konflikte, weil sie diese Fähigkeit nicht gelernt haben. Wie sollen sie später als Erwachsene die Spielregeln des menschlichen Zusammenlebens beherrschen? «Wer diskret, fair, freundlich und doch zielbewußt, nämlich mit der Absicht zu gewinnen, spielen kann, hat viel gelernt – vielleicht auch für sein künftiges Verhalten im Straßenverkehr und für den Umgang mit Partnern des andern Geschlechts.»[5]
Es ist zwar ein berechtigtes Anliegen einer Gruppe, im Spiel siegreich zu sein, doch darf das nicht zu Vorwürfen und Anklagen führen gegenüber dem unbegabten Spieler, der den Erfolg vereitelt. Hier können auch Verlierer im Spiel zu Siegern über die eigenen und die Gruppeninteressen werden.
Diese Übersicht über Lebensbereiche von Kindern dieser Altersstufe kann keine Vollständigkeit beanspruchen. Es sollten nur einige Situationen herausgegriffen werden, die mögliche Fragen der Kinder beinhalten.

2. Anmerkungen zur Psychologie der Neun- bis Elfjährigen

Im folgenden soll ein kurzer Überblick gegeben werden über den psychologischen Entwicklungsstand, den Kinder dieses Alters im allgemeinen besitzen. Selbstverständlich treffen diese Feststellungen nicht bei jedem Kind zu, ist doch die Entwicklung in starkem Maße abhängig von den soziokulturellen Gegebenheiten, in denen es aufgewachsen ist. Doch bevor man Lebensfragen unterrichtlich behandelt, muß man sich im klaren darüber sein, was das Kind seinem Entwicklungsstand nach

[5] G. Stachel, Unterricht über Lebensfragen, Zürich 1969, S. 12.

überhaupt lernen kann und welche Fragen für es zutreffen.

Wichtig für das Thema dieser Arbeit scheint mir vor allem die Sozialität[6] und die moralische Entwicklung (Gewissensbildung) des Kindes dieses Alters zu sein.

Dieses Alter ist gekennzeichnet durch eine überschäumende Vitalität, die sich in allen Lebensbereichen auswirkt. Eine ständige Unternehmungslust treibt das Kind auf die Straße, weg von der Familie zu lärmenden Spielen, Raufereien, Wettkämpfen. Das Kind fühlt sich jetzt angezogen von der lauten Geselligkeit des Schwarms. Dort will es seine Kräfte messen, will anerkannt sein, seinen Mut zeigen. «Die Geselligkeit wird im Grundschulalter im Rudel, in der Spielhorde und im ‹Schwarm› der Freundinnen erlebt und genossen.»[7]

Die meisten Kinder des dritten und vierten Schuljahres bringen die Voraussetzungen mit zu einer echten Wir-Bildung in Klasse und Gruppe. Die Klasse wird erlebt in einem «bewußten Zueinander, Miteinander und Gegeneinander».[8] Die Stellung des Einzelnen in der Gruppe ist durch eine feste Rangordnung gekennzeichnet, die die Beliebtheit und das Ansehen innerhalb der Gemeinschaft widerspiegelt. Die Gemeinschaftsfähigkeit bringt einen Sinn für soziales Handeln und eine Einsicht in Gruppennormen mit sich. «Soziale Regeln und Einstellungen werden lernbereit übernommen.»[9] Das alles sind wichtige Voraussetzungen dafür, daß im Unterricht das richtige

[6] Die Bedeutsamkeit dieses Aspektes gerade für unsere Altersstufe wird durch die neuere Entwicklungspsychologie bestätigt. Ich zitiere R. Oerter, Moderne Entwicklungspsychologie, Donauwörth 4/1969, S. 80: «Die entscheidende Veränderung vollzieht sich zunächst im sozialen Verhalten ... Durch die sozialen Wechselbeziehungen zu Gleichaltrigen lernt das Kind die wichtigsten Spielregeln des sozialen Verhaltens, die mit der Übernahme einer Rolle, mit der Einordnung in die Gruppe und mit dem Streben nach Geltung zusammenhängen.»

[7] O. Engelmayer, Kindes- und Jugendalter, S. 192.

[8] W. G. Esser, Biblische Offenbarung für Kinder heute, Freiburg 1967, S. 94.

[9] O. Engelmayer, Kindes- und Jugendalter, S. 306.

Verhalten in Klasse und Spielgruppe sinnvoll zum Thema gemacht werden kann.
Bedeutsam für unsere Fragestellung ist die Orientierung des sittlichen Verhaltens des Kindes am Beispiel seiner Bezugspersonen. «Vater, Mutter, die Nahverwandten und der Lehrer sind die autoritativen Bezugsfiguren der kindlichen Welt.»[10] Wertbewußtsein und Verhaltensnormen werden von ihnen geprägt. Dieses Phänomen bezeichnet Jean Piaget als heteronome Moral.[11] Lernpsychologische Beobachtungen kommen zu der Vermutung, daß bei der Entwicklung von Haltungen die spezifische Art des Lernens durch Nachahmung und Identifikation im Vordergrund steht.[12] Durch den Eintritt in die sozialen Gruppierungen der Schule und der Spielgemeinschaft wird mit wachsendem Alter eine Verselbständigung des moralischen Urteils gefördert.[13] Das Kind anerkennt Regeln und Verhaltensweisen als richtig und bindend aus der Notwendigkeit der Situation. Da hier fruchtbare Möglichkeiten für die Gewissensbildung bestehen, liegt eine Unterstützung durch Unterricht nahe.

3. Zur Situation meiner Klasse

Nach unserem bisherigen Ansatz muß der Unterricht über Lebensfragen von der konkreten Situation der Schüler ausgehen. Das heißt aber nicht, daß man einfach Kinder eines dritten und vierten Schuljahres bei seinen Vorüberlegungen im Auge hat, sondern ganz bestimmte Kinder mit ihren spezifischen Eigenschaften, Angewohnheiten und Voraussetzungen. Deshalb müssen noch einige Angaben zu der Klasse gemacht werden, in der die Unterrichtsversuche durchgeführt wurden.

[10] Ebd., S. 228.
[11] Vgl. R. Oerter, Entwicklungspsychologie, S. 245.
[12] Ebd., S. 252.
[13] Vgl. J. M. Hollenbach, Christliche Tiefenerziehung, Frankfurt 1960, S. 146.

Zu Beginn des Schuljahrs habe ich ein kombiniertes drittes und viertes Schuljahr mit 47 Kindern übernommen. Abgesehen von der großen Klassenstärke haben mir die Kinder – besonders das vierte Schuljahr – erhebliche Schwierigkeiten gemacht. Beide Klassen sind neu zusammengelegt worden und müssen sich zunächst aneinander gewöhnen. Während das dritte Schuljahr sich verhältnismäßig eifrig am Unterricht beteiligt, zeigt das vierte Schuljahr – mit wenigen Ausnahmen – keinerlei Interesse für den Unterricht. Die Viertkläßler sind im Gegenteil geneigt, den Unterricht zu stören durch allerlei Blödsinn und Ablenkungsmanöver. Spielen, Schwätzen, Aufstehen und Umhergehen, Durcheinanderreden, gegenseitige Beschuldigungen und Raufereien sind an der Tagesordnung, so daß zunächst keine Unterrichtsstunde an ihr Ziel gelangt. Die Kinder sind zu keiner Arbeitshaltung bereit, jede Denkleistung ist ihnen zuviel. Entsprechend fallen die Hausaufgaben aus. Selbst in Fächern, die Kindern dieses Alters gewöhnlich Spaß machen, wie Turnen, Heimatkunde, Singen, zeigen sie kein Interesse.
Weitaus am schlimmsten tritt diese Haltung im Religionsunterricht zutage. Schon die abfälligen Äußerungen vor jeder Stunde[14] zeigen mir die Unlust und Abneigung gegen dieses Fach. Die wenigen, die hier noch beim Unterricht mitmachen, zeigen schon das typische «Schubladendenken» mit Schablonenantworten, das den Unterricht nur hemmt. Auf jede Frage haben diese Schüler die Antwort schon bereit. Die Schublade wird aufgezogen, und heraus kommen religiöse Schlagwörter wie Todsünde, Hölle, Fegfeuer, Himmel, Beichten und andere mehr, die der Reihe nach durchprobiert werden. Andere Schüler verstehen es vorzüglich, nicht mehr das zu sagen, was sie denken. Sie richten ihre Antwort danach, was ihrer Meinung nach der Lehrer hören will. Zeigt sich der Lehrer von keinem begeistert, verstummen auch diese Schüler.

[14] Ich kann hier nicht den Gründen für dieses – zumindest für ein viertes Schuljahr – auffällige Verhalten nachgehen. Ziemlich sicher darf man annehmen, daß es Wurzeln hat in früheren Unterrichtserfahrungen.

Auffallend ist vor allem die Aggressivität und das Geltungsbedürfnis vieler Kinder aus dieser Klasse. Es kommt öfters vor, daß plötzlich während der Stunde ein Kind ohne ersichtlichen Grund einen Mitschüler verdrischt. Zumindest muß jemand gestupft, gestoßen, geboxt oder an den Haaren gezogen werden. Während der Pausen gibt es fast immer Tränen und gegenseitige Beschuldigungen. Hinzu kommt ein übertriebenes, fast krankhaftes Geltungsbedürfnis, das während des Unterrichts zu der stereotypen Bemerkung führt: «Der (die) kommt immer dran!» Ich kann noch so sorgfältig darauf achten, daß jeder einmal an die Reihe kommt, die andern fühlen sich benachteiligt. Ein solches Verhalten macht Spiele im Unterricht fast unmöglich, da es bei der Rollenverteilung immer zu Streit und Tränen kommt. Die gleichen Beobachtungen mache ich, wenn die Kinder unter sich spielen. Jeder will der Spielführer sein, jeder will als erster drankommen.[15] Die Folge davon ist, daß immer einige heulend davonlaufen. Die Kinder sind also unfähig – oder haben es vielmehr nie gelernt –, sich an Regeln zu halten, seien es Spielregeln oder Regeln, die das menschliche Zusammenleben ordnen. Es scheint mir deshalb angebracht, diese Probleme auch im Unterricht zur Sprache zu bringen[16] und zu versuchen, den Kindern den Sinn von Regeln einsichtig zu machen.
Eine andere auffällige Erscheinung sind einige Außenseiter[17] in der Klasse und das Verhalten der anderen Kinder zu ihnen. Ihre Außenseiterstellung hat verschiedene Gründe. Werner ist Halbwaise. Er ist sich viel selbst überlassen. Sein Vater trinkt und kümmert sich wenig um ihn. Seine schlampige Kleidung, sein unregelmäßiger Unterrichtsbesuch und die dürftigen Schulkenntnisse machen

[15] Vgl. den Unterrichtsversuch, S. 56 ff.

[16] Eine andere Art, solchen Schwierigkeiten beizukommen, versuche ich durch Malen zu praktizieren. In Partner- und Gruppenarbeit lasse ich mit Leimfarben großflächige Bilder herstellen. Bei diesen Arbeiten konnte ich bisher kaum Konflikte beobachten, im Gegenteil, die Schüler arbeiten zusammen und halten Ordnung.

[17] Ihre Stellung wurde durch eine soziographische Befragung bestätigt.

ihn den anderen unsympathisch. Er ist bei den Kindern der «Schulschwänzer». Sie leihen ihm nichts aus, lassen ihn nicht mitspielen, sind empört, wenn ich ihn zu einer besonderen Aufgabe heranziehe. Edwin und Sylvia, zwei Kinder aus einer kinderreichen, armen Familie, sind beide Repetenten. Edwin gehört eigentlich schon ins siebte Schuljahr. Beide sind Legastheniker. Ihre schmutzige und abgetragene Kleidung stößt die andern Kinder ab. Sie sondern sich von der Klasse ab und werden von den andern Kindern als Sündenböcke behandelt.
Beate, die Älteste von acht Geschwistern, trat zu Beginn des Schuljahres neu in die Klasse ein. Sie hat nach zwei Monaten noch keinen Anschluß an die anderen Kinder gefunden. Das hängt damit zusammen, daß sie daheim nicht nur sehr viel arbeiten muß, sondern auch schon viel Verantwortung und Sorge mitträgt. Sie ist schon sehr frühreif und hat kaum noch etwas Kindliches an sich. Teilweise wird sie von den andern ignoriert, teilweise wird sie verspottet, da auch ihre Leistungen schwach sind. Auch sie darf nicht mitspielen und wird von den anderen Kindern kaum geduldet.
Es bedarf wohl keiner weiteren Begründung, daß man die Problematik solcher Kinder und die Haltung der Klasse nicht einfach auf sich beruhen lassen kann.

4. Pädagogische Aufgaben und Möglichkeiten in Schule und Unterricht

Die Lebensfragen, die in den vorausgehenden Abschnitten angeklungen sind, sollen im folgenden auf ihre Behandlung im Unterricht bedacht werden. Was ist aus lernpsychologischer Sicht zu beachten, und wie kann die Schule diese Aufgabe konkret wahrnehmen?
Nach Rolf Oerter wird eine moralische Gesinnung (Haltung) in der gleichen Weise erlernt wie jede andere Haltung auch. Lebensfragen haben nun offensichtlich ethische Relevanz. Das bedeutet, daß das Kind bei ihrer Be-

handlung eine moralische Haltung erwerben und vertiefen soll. Daher müssen die Ergebnisse der Lernpsychologie dabei beachtet werden.
Jede Haltung besteht aus drei Komponenten: einer affektiven, einer kognitiven und einer Verhaltenskomponente. Der moralischen Haltung liegt ein sogenanntes Wertkonzept zugrunde, das sich durch den Einfluß der sozialen Umwelt und der Normen bildet und sich fortwährend vergrößert und verändert. Das Kind lernt nun zuerst auf Grund der affektiven und der Verhaltenskomponente, bevor die kognitive Komponente (das Überlegen und Begründen des Handelns) hinzukommt.[18]
Da nun nach Untersuchungen bei Kindern und Jugendlichen eine Diskrepanz besteht zwischen moralischem Wissen und moralischem Verhalten,[19] müßte man annehmen, daß die kognitive Verhaltenskomponente (in unserem Fall also auch die unterrichtliche Behandlung von Lebensfragen) bedeutungslos wäre für das Erlernen von moralischen Gesinnungen. Doch muß man die kognitive Komponente vor allem unter dem Aspekt der Entwicklung von Wertkonzepten sehen. Durch die Erweiterung der Wertkonzepte ändert sich auch die moralische Gesinnung. «Es erscheint vorteilhaft, während der Lernphase möglichst bald die kognitive Komponente in Form der Einsicht (Erklärung, Sinngebung) aufzubauen.»[20] Das spricht dafür, Lebensfragen zum Thema des Unterrichts zu machen. Diese These wird auch durch folgende Beobachtung von R. Oerter unterstützt: «Die Einsicht in die Zusammenhänge zwischen Handlungsweisen und den dadurch erzielten Effekt verbessert schlagartig die Verhaltenskomponente und erspart einen langwierigen Lernprozeß.»[21]

[18] R. Oerter, Entwicklungspsychologie, S. 225: «In der Regel bilden sich erst die Handlungskomponente und die affektive Beteiligung heraus. Erst im Nachhinein entsteht die kognitive Komponente.»
[19] R. Oerter, Entwicklungspsychologie, S. 244.
[20] Ebd., S. 234.
[21] Ebd., S. 232.

Der Beitrag der Lernpsychologie spricht für die Notwendigkeit, Lebensfragen im Unterricht zu behandeln (kognitive Komponente);[22] gleichzeitig muß man aber eine Einschränkung machen. Denn eine moralische Haltung wird nach Rolf Oerter durch Praktizieren erworben. «Sofern sittliches Verhalten auf den Umgang mit andern Menschen bezogen ist, wird es auch im Umgang mit dem anderen erworben. So wird die Schule zum Übungs- und Betätigungsfeld für moralische Verhaltensweisen.»[23] Ein Unterricht über Lebensfragen wird also ziemlich wirkungslos bleiben – oder die Wirkung wird zumindest nur dem Zufall überlassen –, wenn die als richtig erkannten Verhaltensweisen nicht fortwährend bestätigt, verstärkt und eingeübt werden.[24]

Der Lehrer soll also die Kinder nicht nur zur Einsicht darüber bringen, was gut und richtig ist, sondern muß richtiges Verhalten mit einem Lob verstärken und anerkennen. Wie wirksam solches Lob sein kann, zeigt folgendes Beispiel. Ein Kind meiner Klasse hatte seinen Bleistift vergessen. Nur ein einziger Schüler zeigte sich von selbst bereit, seinen zweiten Bleistift auszuleihen. Er wurde von mir gelobt. Bei der gleichen Situation später wollte fast die ganze Klasse ihren Bleistift hergeben. Nun ist damit aber nicht gesagt, daß die Klasse gelernt hat, auch bei anderer Gelegenheit hilfsbereit zu sein. Erst wenn solche punktuellen Verhaltensweisen immer wieder aufgegriffen, geübt und verstärkt werden, wenn das Kind jeweils auf die richtige Verhaltensweise aufmerksam gemacht und dazu ermuntert wird, besteht Aussicht, daß es schließlich selbständig den Transfer vollziehen kann. Ge-

[22] Das soll nicht heißen, daß in diesem Unterricht nicht auch der emotionale und pragmatische Bereich angesprochen werden soll. Vgl. W. Schulz, Untericht – Analyse und Planung, in: P. Heimann, G. Otto, W. Schulz (Hrsgg.), Unterricht – Analyse und Planung, Hannover 4/1969, S. 25 f.

[23] R. Oerter, Entwicklungspsychologie, S. 238.

[24] Vgl. Ebd., S. 238: «Es hat sogar den Anschein, als könnte eine sittliche Gesinnung, sofern es um Werte der Erhaltung der Gesellschaft, der kulturellen Groß- oder Kleingruppe geht, nur in der Begegnung mit Gleichaltrigen entstehen.»

rade in der Klasse als Sozialgruppe gibt es viele Situationen, die ähnlich auch in der Familie und in der Spielgruppe auftreten. Ist das richtige Verhalten darin nun einsichtig gemacht, verstärkt und geübt, hat man dem Kind die Hilfen mitgegeben, auch außerhalb der Klasse das entsprechende Verhalten anzuwenden.
Mit dieser Art des Einübens ist dem Lehrer in etwa auch die Möglichkeit einer Lernkontrolle gegeben. Unterricht erstrebt Verhaltensänderung. Der Unterricht über Lebensfragen faßt außer dem kognitiven und emotionalen auch den pragmatischen Bereich ins Auge. Es ist also zu fragen, ob eine Verhaltensänderung auch diesbezüglich festgestellt werden kann. Soweit die Thematik sich auf die Klasse und die Spielgruppe bezieht, kann der Lehrer am Umgang der Kinder untereinander ablesen, ob ein Lernprozeß stattgefunden hat oder nicht. Ist keine Verhaltensänderung festzustellen, muß man damit rechnen, daß das intendierte Ziel nicht erreicht wurde. Zwar kann den Kindern einsichtig sein, was sie tun sollten (das kann durch Fragen, Aufgaben und die jeweiligen Antworten überprüft werden), wenn sich aber das praktische Tun nicht ändert, war die Stunde zumindest hinsichtlich der pragmatischen Intention wirkungslos. Natürlich wäre es unsinnig zu glauben, daß man die Kinder zu fehlerfreien Menschen erziehen könnte. Man muß ihnen zugestehen, daß sie etwas falsch machen dürfen.[25] Trotzdem müssen zumindest die Ansätze einer Verhaltensänderung und der Wille dazu zu spüren sein.

II. Unterrichtsversuche

Es sollen vier Unterrichtsstunden beschrieben werden, die ich in meiner Klasse über Lebensfragen gehalten habe. Sie beziehen sich jeweils auf Probleme, die im Leben der Klasse aufgetaucht sind. Die Voraussetzungen

[25] Vgl. G. Stachel, Lebensfragen, S. 8.

zum Verständnis sind in Teil I, vor allem im 3. Punkt, bereits dargestellt worden.
Die Themen haben vermutlich nicht nur Bedeutung speziell für meine Klasse. Die angeschnittenen Fragen der Ichzentriertheit, der Ordnung des Zusammenlebens und des Außenseiters dürften in ähnlicher Weise in vielen andern Klassen akut sein.
Thematisch bilden jeweils die erste und zweite und die dritte und vierte Stunde eine Einheit.

1. Stunde: Zuerst komm' ich ...

a) Vorbemerkungen

Die meisten Schüler der Klasse haben ein übertriebenes Geltungsbedürfnis und eine starke Ichzentriertheit. Kommen diese Schüler im Unterricht nicht sofort als erste dran, reagieren sie mit Zornesausbrüchen, Tränen oder der Bemerkung: «So, jetzt meld' ich mich überhaupt nicht mehr.» Ganz schlimm wird dies bei Turnspielen oder der Verteilung von Sonderaufgaben. Sehr viele Spiele muß ich abbrechen, weil die Spieler sich streiten oder gar nicht mitmachen, da sie nicht vorne in der Riege stehen dürfen oder ein anderer der Spielführer ist. Durch dieses Verhalten wird der Unterricht sehr oft gestört oder gar unmöglich gemacht.
In dieser Situation scheint es mir notwendig, der Klasse diese fragwürdigen Reaktionen bewußt zu machen. Denn mit Ermahnungen oder Sanktionen dürfte nicht viel zu erreichen sein. Die Stunde soll zu der Einsicht führen, daß es so nicht geht. Weder Unterricht noch Spiel ist so möglich. Die Notwendigkeit einer Verhaltensänderung soll aus der Sache selbst erfaßt werden. Die Kinder sollen soweit kommen, gelegentlich den Drang, erster zu sein, zu bremsen; da eine vollständige Umwandlung und Beherrschung unmöglich erwartet werden kann. Ist erst einmal eine Einsicht in die bessere Verhaltensweise ge-

wonnen, so kann eine Einübung durch Hinweise des Lehrers bei entsprechender Situation gefördert werden.

b) Medien

Mit Hilfe einer Geschichte und eines Reizbildes soll eine Problemsituation vorgestellt werden, die die Schüler im anschließenden Unterrichtsgespräch lösen sollen.

«Heh, ihr Faulpelze, aus den Federn! Es geht los!» Das war Onkel Willis dröhnende Stimme, die da am frühen Morgen durch das Forsthaus schallte. Der Dackel Waldi unterstützte ihn dabei mächtig. Er wußte wohl, daß es gleich ins Revier ging, denn Onkel Willi hatte schon Flinte und Fernglas bereitgelegt.
Eine Treppe höher, in der großen Kammer, rührte sich nichts. Doch, in einem der drei Betten bewegte sich etwas. Ein wuscheliger Bubenschopf tauchte zwischen den mächtigen weißen Kissenbergen auf. Was war denn nur für ein Lärm da unten? Draußen war es noch fast dunkel. Was sollte man denn da Besseres tun, als sich noch einmal zwischen den Kissenbergen zu verkriechen! «Verflixte Rasselbande, wird's bald!»
Jetzt kam Leben ins Kissengebirge. Hier meint jemand uns, dämmerte es unter den blonden Strähnen von Uli. Und dann hatte es geschaltet: Es war bald Tag, und Onkel Willi wollte ihn und seine zwei Freunde Hans und Peter mitnehmen zu einem Reviergang.
Darauf hatten sie sich schon lange gefreut. Vor zwei Tagen hatte Ulis Vater das Kleeblatt der Freunde im Forsthaus bei Onkel Willi abgeladen. Ihre Nasen sollten sich einmal von dem Auto- und Fabrikgestank der Großstadt erholen.
Jetzt war es soweit. Onkel Willi würde ihnen gleich die Geheimnisse eines erwachenden Waldes zeigen. Mit einem Satz stand Uli neben dem Bett. Hans und Peter guckten ihn an wie ein Gespenst, als er ihre Decken und Kissen vom Bett zerrte. Das half schneller als lange Erklärungen. Zehn Minuten später streckten sie ihre Füße unter den Kaffeetisch und schielten unruhig zur Tür, wo Dackel Waldi die Flinte be-

wachte. Aber auch das Frühstück ging vorbei. Und dann stapften sie hinter Onkel Willi drein in Richtung Bergwald.
Der schmale Waldweg war noch ganz feucht. In den Wiesen machten sich weiße Nebelschleier breit. Überall knackte und raschelte es in den Büschen.
Plötzlich blieb Onkel Willi stehen, drehte sich langsam zu den Jungen herum und legte den Finger auf den Mund. Die Buben fühlten ihr Herz klopfen. Auch Dackel Waldi blieb stehen, steif wie ein Baumstumpf. Das hatte ihm sein Herrchen beigebracht. Was gab es nur? Onkel Willi hob das Fernglas an die Augen und richtete es auf einen Wiesenstreifen, der zwischen den Baumstämmen durchschimmerte. Die Jungen blickten den Förster gespannt an. Jetzt winkte er sie näher zu sich und flüsterte, die Augen noch immer auf die Wiese gerichtet: «Hier, schaut einmal durchs Glas. Ein wahres Prachtexemplar dort auf der Wiese.» . . .

Die Geschichte bricht hier, am Höhepunkt der Spannung ab. Der Fortgang wird auf dem Reizbild[26] geschildert, das an dieser Stelle den Kindern vorgestellt wird. Das jetzt folgende Verhalten der drei Buben ist nicht nur für sie selbst ärgerlich, sondern auch für die zuhörenden Kinder. Beide Teile haben Nachteile, weil jedes der Kinder in der Geschichte der erste sein will. So erfährt keiner, was Onkel Willi sah.
Denn auch die kleinen Zuhörer «leben» in der Geschichte. Sie sind selbst dabei auf dem Reviergang. Und jetzt sind sie selbst betroffen durch dieses kurzsichtige Benehmen von Uli, Hans und Peter. Die Nachteile eines solchen Verhaltens sind für sie unmittelbar spürbar, kognitiv und affektiv!

[26] Die Originalbilder zur ersten und zur vierten Stunde haben etwa das Format DIN A1. Sie und die Zeichnungen dieser Arbeit wurden von Hans Schuh angefertigt.

c) Unterrichtsverlauf[27]

(Die Lehrerin erzählt die Geschichte. Dann öffnet sie die Tafel, auf deren Innenseite sie vor der Stunde das Bild befestigt hatte.)

S: Jetzt streiten sie sich um das Fernglas!
S: Jeder will es zuerst haben.
S: Die sind ja blöd. Die hätten doch nacheinander durchschauen können!
L. Nun, wie ging es weiter? Was es zu sehen gab, war plötzlich verschwunden, weil sie sich so laut zankten!
S: Das geschieht ihnen grad recht!
L: Meinst du?
S: Ja, die hätten sich ja nicht streiten brauchen.
L: War denn Peter nicht im Recht? Er hatte das Glas doch geschnappt und wollte unbedingt zuerst durchschauen!
S: Die andern wollten aber auch durchschauen.
S: Doch, Peter war im Recht. Er hat es zuerst gehabt.
S: Nein, der Peter hat nicht Recht.
(Die Meinungen gehen hin und her.)
L: Ja, wer hat jetzt ein Recht darauf, zuerst durchzugukken?
S: Der Älteste.
S: Der Jüngste.
S: Nein, die hätten auslosen sollen.
L: Es mußte aber doch schnell gehen.
S: Nein, auslosen ist nichts, das geht zu lange.
S: Ich weiß, der Onkel hätte es einem gleich in die Hand geben sollen.
L: Das wäre eine Möglichkeit. Aber glaubt ihr, daß es dann ohne Streit gegangen wäre?

[27] Diese Verlaufsprotokolle wurden von mir im Anschluß an die Stunde rekonstruiert. Antworten, die den Gedankengang nicht weiterführten, wurden gekürzt oder weggelassen. Eine Tonbandaufnahme habe ich bei dieser Klasse nicht gewagt, da sie noch nie mit einem solchen Gerät im Unterricht in Berührung kam und eine längere vorherige Gewöhnung aus technischen Gründen nicht möglich war.

S: Dann hätten die zwei andern gesagt: «Warum grad' der, das ist gemein!»
S: Ja, «immer kommt der dran», hätten die andern gesagt.
S: Dann wär' der Uli auch fortgerannt, wenn er nicht als erster drangekommen wäre.
(Kleine Pause. Die Kinder überlegen.)
L: Wer hat jetzt ein Recht darauf, als erster dranzukommen?
S: Keiner.
S: Gar keiner. Die andern hätten halt warten müssen, bis sie auch drankommen.
S: Das ist doch egal, wer zuerst durchguckt. Es kommt ja jeder dran.
L: Das meine ich auch. Die drei hätten wirklich so klug sein können.
S: Ja, der Hans und der Uli hätten ja denken können: «Ich komm' ja auch gleich dran.»
(Das Bild wird abgehängt.)
L: Wer bringt mir schnell das Bild ins Lehrerzimmer hinüber?
(Alle Finger gehen hoch – großes Geschrei: «ich, ich, ich.» Einige sitzen nur da und grinsen. Dann gehen einige Finger wieder runter. Die Lehrerin deutet auf das Bild.)
S: Jetzt streiten wir auch gleich.
S: Ich verzichte! Ich laß' jemand anders gehen.
(Die andern sind etwas verblüfft.)
L: Reinhold, komm, trag das Bild weg.
(Kein Widerspruch der andern.)
L: Habt ihr auch schon mal einen ähnlichen Streit gehabt wie die drei Buben? Erzählt!
S: Wenn wir Rechenkärtchen spielen.[28] Dann schreien immer alle. Jeder will das Kärtchen haben.
S: Und die andern meckern dann immer: «Das ist gemein. Ich hab's zuerst gesagt.»
S: Oder beim Heftausteilen.

[28] Ein beliebtes Rechenspiel in der Klasse.

S: Oder wenn jemand vorlesen soll.
L: Und daheim?
S: Meine Mutti hat mir mal einen Ball mitgebracht. Dann hat mein Bruder gesagt: «Die kriegt immer was. Die blöde Kuh.» Und dann haben wir uns gestritten.
S: Ich will immer das Tretauto von meiner Schwester haben. Dann streiten wir uns so lange, bis wir uns verhauen. Aber ich habe ja früher auch ein Tretauto gehabt.
S: Der Michael und die Gisela und ich, wenn wir Fangen spielen, dann will immer jeder auszählen. Und dann bin ich auch heimgelaufen, wenn ich nicht als erster drankam.
S: Oder beim Mensch-ärgere-dich-nicht. Da streiten wir immer, wer zuerst würfeln darf.
(Die Schüler bringen noch einige Erzählungen dieser Art.)
L: Jetzt seid ihr ja klüger und könnt es besser machen. Ihr dürft jetzt ein solches Erlebnis aufschreiben. Denkt daran, daß ihr nun wißt, wie ihr einen Streit vermeiden könnt. Die Überschrift heißt (Die Lehrerin schreibt an die Tafel): «Monika will immer als erste drankommen». Natürlich könnt ihr auch einen andern Namen nehmen.

2. Stunde: Spielregeln

a) Vorbemerkungen

Die Stunde soll eine Grundkenntnis für den Umgang von Menschen miteinander vermitteln. Wo mehrere Menschen zusammentreffen – das gilt für Kinder wie für Erwachsene, beim Spiel, Beruf, Familie und viele andere Begegnungsfelder –, unterwirft sich jeder gemeinsamen Grundregeln. Den Kindern soll diese Notwendigkeit am Beispiel von Spielregeln und der Unterrichtsdisziplin einsichtig gemacht werden. Letzteres ist bei vielen Schülern der Klasse ein wunder Punkt. Um nicht eine Ordnung andressieren zu müssen, sollen entsprechende Situationen selbst den Grund für eine Ordnung und ihre Spielregeln liefern. Darüber hinaus sollen die Schüler einen Transfer vollziehen auf andere Bereiche, in denen Menschen miteinander umgehen.

b) Medien

In der Anfangssituation werden drei Schüler aufgefordert, ein Würfelspiel zu spielen. Sie kennen das Spiel und seine Regeln nicht und erhalten auch keine näheren Anweisungen. Damit werden die Schüler zu der Erkenntnis geführt: Ohne Spielregeln kann man nicht spielen.
Eine weitere Spielsituation weitet diese Erkenntnis auf das Verhalten im Unterricht aus. Die Lehrerin informiert vor der Stunde drei Schüler, die an einer vereinbarten Stelle den Unterricht stören. Einer packt seine Sachen und will heimgehen, ein zweiter nimmt seine Malsachen heraus, und der dritte spaziert pfeifend in der Klasse umher.

c) Unterrichtsverlauf

(Die Lehrerin ruft drei Schüler heraus:)
L: Spielt einmal «Sechser her»!
(Die Schüler sind verblüfft, unsicher, sie wissen nicht, was sie tun sollen. Dann fragen sie, wie das Spiel geht. Die Lehrerin reagiert nicht darauf.)
S: So können die ja gar nicht spielen.
S: Die wissen ja gar nicht, was sie tun sollen.
S: Sie brauchen Spielregeln. Das gibt sonst ein Durcheinander.
S: Sonst kann man nicht spielen.
(Tafelanschrieb): «Jedes Spiel braucht Spielregeln».
L: Manchmal meint man, daß viele Kinder das nicht wissen.
S: Ja, die kennen die Regeln nicht.
L: Liegt es nur daran?

S: Nein, manche halten sich nicht an die Regeln.
S: Die wollen immer gewinnen, und dann bescheißen sie.
S: Oder wenn sie merken, daß sie verlieren, wollen sie nicht mehr mitspielen.
S: Dann gibt es immer Streit.
(Die Kinder führen Beispiele an von Mensch-ärgere-dich-nicht, Fußball und Ballspiel.)
L: Wenn man sich nicht an die Regeln hält, kann man nicht miteinander spielen.
(An dieser Stelle unterbrechen die drei vorher informierten Schüler den Unterricht.)
Thomas: (steht auf und packt seine Sachen) Ich mag jetzt nicht mehr. Ich geh' heim!
Michael: (geht zum Schrank und holt seine Malsachen) Ich will jetzt lieber malen.
Josef: (geht in der Klasse spazieren, pfeift, öffnet das Fenster und schaut hinaus).
(Ein Teil der Klasse reagiert mit Lachen. Danach packt ein anderer seinen Ranzen und will auch gehen. Einige gehen in der Klasse umher. Die Lehrerin verhält sich währenddessen ruhig, bis die Schüler darauf aufmerksam werden und sich still hinsetzen.)
S: Das war ausgemacht.
L: Ja, das stimmt. Könnt ihr euch denken warum?
(Keine Antwort.)
L: Dann erzählt doch einmal, was die drei gemacht haben.
(Die Schüler zählen auf.)
S: Jeder hat grad gemacht, was er wollte.
L: Und ihr anderen?
S: Wir haben gleich mitgemacht.
S: Es gab Krach und Durcheinander.
S: Der Unterricht war gestört. Sie konnten gar nicht mehr weiterunterrichten.
S: Die andern waren gestört und konnten nichts mehr lernen.
L: Das ist sehr wichtig. Wenn einer einfach das tut, was er will, sind alle andern gestört.
(Die Schüler zählen nun Beispiele auf, wo der Unterricht

gestört wird. Die Lehrerin deutet danach auf die Tafelanschrift.)

S: Wir brauchen auch im Unterricht Regeln.

S: Wenn wir gerade Rechnen haben und einer will nicht mehr, dann kann er nicht einfach etwas anderes machen.

(Tafelanschrieb): «Auch im Unterricht brauchen wir Spielregeln».

(Da im Heimatkundeunterricht zur Zeit das Thema «Gemeinde und Gemeinderat» behandelt wird, berichtet die Lehrerin von einer fingierten Gemeinderatssitzung.)

L: Wir besuchen jetzt eine Gemeinderatssitzung. Auf der Tagesordnung steht der Schulneubau. Aber keiner der Gemeinderäte will sich ans Thema halten. Jeder spricht über etwas anderes.

S: So wird die Schule ja nie gebaut.

S: Ja, da werden sie nie fertig.

S: Sie müssen sich doch an die Tagesordnung halten.

S: Da gibt es auch Regeln!

L: Kennt ihr noch andere Gelegenheiten, wo man sich an Regeln halten muß, wenn man richtig zusammenleben will?

(Die Schüler bringen Beispiele aus der Familie: pünktlich zum Essen kommen; tun, was die Eltern sagen; morgens pünktlich aufstehen; dann folgen Beispiele aus dem Straßenverkehr: Verkehrsregeln, um Unfälle zu vermeiden, denn viele wollen auf der Straße fahren. Die Schulordnung wird angeführt: Verhalten in der Pause; Rücksicht auf die Kleinen. Auch das Schweigen in der Kirche wurde als Regel genannt.)

(Tafelanschrieb): «Wo Menschen miteinander leben, brauchen sie Regeln».

(Die Schüler tragen den Tafelanschrieb in ihr Heft ein.)

3. Stunde: Die Uhren

a) Vorbemerkungen

In den Ausführungen zur speziellen Situation meiner Klasse habe ich das Problem des Außenseiters schon dargelegt.[29] Mit dieser Frage befassen sich die beiden folgenden Stunden.
Kinder finden es selbstverständlich, daß man mit häßlichen, dummen oder sogar «bösen» Kindern nichts zu tun haben will. Sie sehen natürlich noch nicht die Hintergründe, die zum abstoßenden Verhalten mancher Mitschüler führen. Man muß versuchen, solche Vorurteile abzubauen und Verständnis zu wecken. In dieser Stunde geht es um die Darstellung der möglichen Entstehungsweise einer Außenseiterrolle. Es soll bei den Schülern die Einsicht und die Bereitschaft entstehen, solche Kinder nicht abzulehnen, sondern ihnen zu helfen. In der daran anschließenden Stunde wird versucht, den Schülern die Augen zu öffnen in ihrem eigenen Lebensbereich, vor allem beim Spielen.

b) Medien

Ein Kinderbuch: Gisela Schmeer, Die Uhren, Domino-Verlag, München 1966.

> Es wird die Begegnung zweier Kinder erzählt. Der fünfjährige Peter lebt in einer Münchner Großstadtwohnung. Seine Mutter ist meistens krank und kann den Jungen kaum ertragen. Der Vater hat die Familie verlassen. Peter ist viel allein. Sein Lebensinhalt besteht in alten Uhren, die man ihm schenkte, damit er still ist. Mit der Zeit verliert er fast jegliche Kontaktfähigkeit.
> Bei einem Besuch bei ihrer Tante – diese wohnt im gleichen Haus wie Peter – wird Annette, die einige Jahr älter ist, auf

[29] Siehe S. 39 f.

diesen Jungen aufmerksam. Sie hat bei einem Autounfall ihre Eltern verloren und lebt bei ihrem Großvater, einem Maler.

Als die Mutter des Jungen stirbt, nimmt der Großvater Peter vorübergehend zu sich. Annette freut sich auf ihren neuen Spielkameraden. Das Mädchen muß aber enttäuscht feststellen, daß Peter keinerlei Interesse für sie zeigt, sondern nur an seinen Uhren hängt. Der Großvater erklärt ihr dieses Problem des gestörten Kindes und hilft Annette, ihre Aufgabe zu finden: «Peter ist in seinem Leben viel allein gewesen ... Peter hatte keinen Menschen, der ihn so recht von Herzen lieb hatte. Morgens hat ihn niemand froh geweckt, und abends hat ihm wohl nie ein Mensch ein Schlaflied gesungen. Seine Mutter hat auch selten mit ihm gelacht, und wenn er traurig war oder weinte, so hat das niemand ernst genommen. Im Laufe der Zeit, so scheint es mir, ist Peters Kinderherz kalt geworden. Vielleicht gelingt es dir, es wieder zu erwärmen.»

Dann wird erzählt, wie Annette in kleinen Schritten versucht, mit bitteren Enttäuschungen verbunden, sich dem verschlossenen Kind zu nähern. Als sie mit ansehen muß, wie Peter mit einer Marmorplatte einen Vogel am Futterhaus tötet, ist ihr Verständnis überfordert. Sie zerschmettert eine Uhr des Jungen. Aus der Reaktion Peters wird deutlich, daß seine Uhren sein zweites Ich sind. Sie sind Ersatz für die fehlende Kontaktperson seiner Kindheit.

Bei anderer Gelegenheit spielen Annette und Peter Schule: Malstunde. Statt einer großen Katze, die in den Wald spazieren geht, malt Peter ein kleines Kätzchen in die Ecke des Blattes, eingesperrt in einen Käfig. Erst auf die Mithilfe des Großvaters hin, der für die Katze ein schönes Haus in den Wald malt, wo sie Futter findet, läßt er seine Katze aus dem Käfig und mit Pelzstiefeln bekleidet in den Wald spazieren.

Ein weiterer Schritt, den Peter aus seinem «Gefängnis» heraus macht: Peter gibt dem erschlagenen Vogel am Futterhaus seine schönste Uhr mit ins Grab.

Peter macht Fortschritte; er wird geheilt durch Liebe, die er als kleines Kind entbehren mußte. Er will für die Puppen Annettes nicht Vater sein, sondern selber das umsorgte und verwöhnte Puppenkind. Großvater hilft Annette. Sie versteht: «Von diesem Augenblick an wußte ich, daß nicht nur die großen Leute Wichtiges zu tun haben. Ich verwöhnte Peter wie ein kleines Kind, schenkte ihm all meine Zeit und all meine Zärtlichkeit.»

Dann kommt der Abschied. Peter schenkt Annette ein Bild von sich: ein Junge mit einem großen Herzen in der Mitte des Körpers. Seine Uhren läßt er im Papierkorb zurück. «Er brauchte sie wohl nicht mehr ...»

Auf Grund ihrer Länge nimmt das Vorlesen[30] der Erzählung den größten Teil der Stunde in Anspruch. Das ist aber kein Nachteil, denn die Hörer werden ganz in die Geschichte hereingenommen. Wenn die Kinder die traurige Lage des kleinen Peter miterlebt haben, ist vermutlich mehr erreicht, als eine verstandesmäßige Erörterung seines Problems erreichen könnte. Zum Schluß sollen die Schüler aber noch ihre Eindrücke und Meinungen äußern. In einem kurzen Gespräch werden die wichtigsten Punkte und Ergebnisse wiederholt und Mißverständnisse korrigiert.

c) Unterrichtsverlauf

L: Stellt euch vor, in unserer Klasse wäre ein Kind, das nie mit andern spielt, ganz für sich allein ist, aber die andern ärgert, ihnen Hefte und Bücher kaputtmacht.
S: Wir würden sagen, der ist komisch.
S: Hochmütig.
S: Frech.
S: Ich würde ihn verhauen, wenn er mir etwas kaputtmacht.
S: Vielleicht hat nie jemand mit ihm gespielt.
S: Ich wäre auch frech zu ihm.
L: Von einem solchen Kind will ich euch eine Geschichte vorlesen.
(Erzählung: Die Uhren. An der Stelle, wo Peter mit der

[30] Wenn möglich, sollte man den Kindern die Illustrationen des Buches während des Vorlesens mit einem Projektor zeigen.

Marmorplatte den Vogel erschlägt, unterbricht die Lehrerin die Geschichte.)

L: Was meint ihr zu Peter?

S: Der ist gemein.

S: Ich würde ihn ganz schrecklich verhauen.

S: Der Großvater soll ihn doch wieder fortschicken.

S: Annette hat sich so auf ihn gefreut, und jetzt ist er so bös und gemein.

S: Annette soll ihm alle Uhren zum Fenster hinausschmeißen.

S: Ich würde ihn einfach stehenlassen und weggehen.

L: Hört jetzt einmal weiter zu.

(Der Rest der Geschichte wird vorgelesen. Danach sind 5 Minuten Pause. Das Unterrichtsgespräch geht in die nächste Stunde hinein.)

L: Könnt ihr euch jetzt denken, warum Peter so bös geworden ist?

S: Er war immer allein.

S: Niemand hat mit ihm gespielt.

S: Seine Mutter hat nie Zeit für ihn gehabt. Sie hat ihn nicht gern gehabt.

S: Er hat nur seine Uhren gehabt. Sie waren seine einzigen Freunde.

S: Er hat keine Mutterliebe gespürt.

S: Peter konnte gar nichts dazu, daß er bös war.

L: Du hast recht. Denkt mal daran, was ihr mit Peter machen wolltet.

S: Verhauen hätte gar nichts genützt. Peter wäre nur noch böser geworden.

S: Vielleicht hätte er aufgehört, solche Sachen zu machen, weil er Angst hatte.

S: Ja, er hätte Angst gehabt, aber er wäre nicht anders geworden.

S: Er hätte die andern noch viel mehr gehaßt.

L: Was hat denn Annette mit Peter gemacht?

S: Sie war freundlich zu ihm.

S: Sie war lieb und nett. Da ist Peter auch anders geworden.

L: Erzählt genauer.
S: Sie hat ihn freundlich gegrüßt, aber Peter war grätig.
S: Als sie ihm die Uhr kaputtmachte, hat sie sich geschämt.
S: Ja, weil Peter die Uhr so gern hatte.
S: Sie hat ja viel mehr gehabt als Peter. Peter hat ja nur seine Uhren gehabt.
S: Und dann hat sie ihm den Anhänger von ihrer Mutter geschenkt.
S: Peter sollte sehen, daß sie ihn lieb hatte.
S: Annette wäre auch nicht so zu Peter gewesen. Der Großvater hat ihr ja erklärt, wie das mit Peter ist. Er hat ihr geholfen.
S: Ja, wie Peter die Katze nicht richtig gemalt hat, da ist sie auch ein bißchen zornig geworden. Da hat der Großvater wieder geholfen.
L: Warum hat Peter denn die Katze so klein gemalt und in einem Käfig?
S: Weil er Angst gehabt hat, daß die Katze sich weh macht.
S: Daß sie sich verläuft. Er wollte sie nicht aus dem Käfig rauslassen.
S: Er hat ja selber Angst gehabt vor dem Spazierengehen.
S: Aber wie der Großvater dann das Häuschen gemalt hat, da hat er sie rausgelassen.
S: Da hat er keine Angst mehr gehabt.
S: Ja, dann hat er der Katze Stiefel an die Pfoten gemalt, daß sie sich ganz bestimmt nicht weh tut.
S: Warum hat Peter eigentlich die Puppe Franzl umgestoßen?
S: Er wollte selber das Kind sein. Er war neidisch.
S: Er war eifersüchtig.
S: Der Großvater hat dann gesagt, die Puppe sei der Vater und er sei das Kind. Und dann hat er sich in den Puppenwagen gelegt.
S: Annette sollte ihn genau so gern haben wie ihre Puppe Franzl.
S: Sie sollte wie eine Mutter zu ihm sein.

(Die Schüler finden es sehr lustig, daß Peter sich wie ein kleines Baby benimmt. Sie wiederholen ganz genau, was Peter alles tut: Schoppen trinken, den Schnuller in den Mund nehmen, mit dem Puppenlöffel essen, sich spazierenfahren lassen.)

S: Peter ist dann ganz fröhlich geworden. Er hat gelacht.

S: Ja, gerade wie die zwei sich vertragen haben, da mußte Peter fortfahren.

S: Vielleicht wird er jetzt wieder so bös?

S: Nein, ich glaube nicht. Jetzt ist er ja selber freundlich und nicht mehr traurig. Jetzt kann er viel leichter Freunde finden.

S: Und die Uhren hat er weggeworfen, die hat er nicht mehr gebraucht. Er hat ja jetzt Annette gehabt. Jetzt konnte er auch anders spielen.

L: Schreibe dir zu Hause auf, warum Peter so bös geworden ist.

4. Stunde: Fritz darf nicht mitspielen

a) Vorbemerkungen

Den Ausgangspunkt der Stunde bildet eine Situation, wie man sie jeden Tag auf Schulhöfen und Spielplätzen beobachten kann. Kinder stehen beim Spiel abseits, weil sie entweder kontaktscheu sind oder weil die anderen sie nicht mitspielen lassen wollen. So sieht das Schicksal eines Außenseiters bei Kindern aus. In der Stunde sollen die Kinder aufmerksam gemacht werden auf solche Situationen. Vor allem sollen sie ihr eigenes Verhalten daraufhin überprüfen und überlegen, wie man es besser machen könnte. Warum man einen Außenseiter nicht einfach übergehen darf, wurde in der vorangehenden Stunde am Beispiel des kleinen Peter gezeigt. Ein Blick in den folgenden Stundenverlauf gibt darüber Auskunft, daß die Schüler Gemeinsamkeiten und Verbindungslinien zwischen beiden Themen sehen. Ob sie aber auch hinterher

bereit sind, sich zu den Außenseitern ihres Lebensbereichs so zu verhalten wie Annette, kann nicht geplant und erzwungen werden.

b) Medien

Ein Bild: Spielende Kinder und ein Junge, der traurig abseits steht.
Das Bild soll für die Kinder ein Anstoß sein, ähnliche Erfahrungen aus ihrem eigenen Leben zu erinnern. Das Bild (Format ca. DIN A1) wird vor der Klasse aufgehängt.

c) Unterrichtsverlauf

L: Schaut das Bild einmal ganz genau an.
(Kleine Pause.)
S: Das könnte der Peter sein.
L: Erzählt, was auf dem Bild geschieht.
S: Die spielen Fußball, und der eine Bub vorn darf nicht mitspielen.
S: Der sieht ganz traurig aus.
S: Die haben ihn weggeschickt.
S: Vielleicht will er gar nicht spielen.
S: Doch, ich glaub schon, daß er mitspielen will. Das sieht man ja am Gesicht.
S: Der darf nicht mitspielen.
L: Wir wollen dem Bub einen Namen geben.
(Unter verschiedenen Vorschlägen wurde «Fritz» ausgewählt.)
Also Fritz darf nicht mitspielen. Was ist da wohl vorher geschehen?
S: Die haben sich gestritten.
S: Vielleicht haben sie geschrien: «Hau ab, du brauchst nicht mitspielen!»
S: Oder einer hat gesagt: «Wenn Fritz mitspielt, mach ich nicht mit.»

S: Vielleicht war der Fritz auch frech zu ihnen.
S: Er hat sie ausgelacht oder ihnen was nachgerufen. Jetzt lassen sie ihn nicht mitspielen.
S: Fritz hat sie vielleicht ein andermal auch nicht mitspielen lassen.
L: Habt ihr auch schon mal erlebt, daß ein Kind oder ihr selbst nicht mitspielen durftet?
S: Einmal haben wir Fangen gespielt. Und da hat der Michael gesagt: «Wenn der mitspielt, mach ich nicht mit.» Da bin ich fortgegangen.
S: Wenn wir in unserer Straße spielen, dann sagen die andern immer: «Helga braucht nicht mitspielen.» Und dann jagen wir sie fort. Die streitet aber auch immer mit uns.
S: Ja, die Gisela und die Maria wollen mich manchmal auch nicht mitspielen lassen.
L: Überlegt euch einige Gründe, warum Fritz nicht mitspielen darf.
S: Der sieht vielleicht häßlich oder komisch aus.
S: Oder er hat alte, zerrissene Kleider an.
S: Vielleicht stinkt er auch.
S: Oder er ist viel gescheiter als die andern und hat immer gute Noten. Dann sind die andern neidisch auf ihn.
S: Oder er ist ganz dumm, und sie lachen ihn aus. Vielleicht schwänzt er die Schule oder kommt immer zu spät.
S: Vielleicht hat der Fritz die andern beim Lehrer verpetzt, und jetzt mögen sie ihn nicht.
S: Oder er ist wie der Peter, daß er gar nicht mit andern spielen *kann,* immer nur für sich allein alles machen will.
S: Aber dann wäre er ja nicht so traurig. Ich glaub', daß die andern ihn nicht leiden können.
L: Versetzt euch in die Lage des Fritz. Fühlt er sich wohl dabei?
S: Nein, der macht ja ein ganz trauriges Gesicht. Vielleicht heult er gleich.
S: Der ist ganz unglücklich.
L: Ich glaube, er fühlt noch etwas anderes.
S: Der ist vielleicht auch wütend und grätig.

S: Er denkt, daß niemand ihn mag.
L: Peter dachte auch, daß niemand ihn mag.
S: Ja, und deshalb hat er den Vogel totgeschlagen und Sachen kaputtgemacht.
S: Fritz will jetzt sicher den andern auch was kaputtmachen.
S: Jetzt verpetzt er sie erst recht.
S: Ja, er will sie reinlegen.
S: Er will sich rächen.
L: Glaubt ihr, daß er dann mitspielen darf?
S: Nein, dann haben die andern ja auch wieder eine Wut auf ihn.
S: Das geht ja immer so weiter. Die hören dann ja nie auf mit Streiten.
L: Wir haben bisher nur vom Spielen gesprochen. Wie wird es dem Fritz wohl in der Schule ergehen?
S: Da will sich niemand neben ihn setzen.
S: Oder wenn er eine Patrone braucht, leiht ihm niemand eine.
S: Die andern helfen ihm nicht.
S: Wenn er was Dummes sagt, wird er ausgelacht.
S: Die andern wollen nichts mit ihm zu tun haben.
S: Wenn sie was anstellen, schieben sie die Schuld auf ihn.
S: Ja, und der Fritz verpetzt sie dafür und streitet mit ihnen.
L: Ihr habt euch aufgeschrieben, warum Peter so bös geworden ist. Wer liest einmal vor?
(Vier Kinder lesen ihre Hausaufgaben vor. Als Gründe werden aufgezählt: die Mutter war nicht lieb zu Peter; niemand mochte ihn; niemand spielte mit ihm.)
S: Vielleicht ist es bei Fritz auch so.
S: Ja, vielleicht mögen ihn seine Eltern nicht richtig. Und deshalb kann er auch nicht nett sein zu den andern.
S: Vielleicht hat nie jemand mit ihm gespielt.
S: Oder seine Mutter hat ihn verwöhnt, und jetzt meint er, alles müßte nach seinem Kopf gehen.
S: Oder er ist neu hergezogen, und jetzt ist er noch fremd.

Die andern mögen ihn nicht, weil er nicht zu ihnen gehört.
L: Peter ist ja anders geworden.
S: Weil ihm Annette geholfen hat.
S: Sie war richtig lieb zu ihm wie eine Mutter. Drum ist er auch anders geworden.
L: Ich glaube, Fritz könnte auch anders werden.
S: Die andern müssen freundlich und nett zu ihm sein.
S: Ja, ich glaube, wenn Fritz mitspielen darf, dann tut er auch den andern nichts.
S: Er muß merken, daß die andern ihn gern haben.
(Die Kinder zählen einige Einzelheiten auf, wie man zu Fritz nett sein könnte.)
L: Das ist aber gar nicht so einfach. Bei Peter hat es sehr lange gedauert, bis er anders geworden ist.
S: Man darf nicht zwischendurch aufgeben.
S: Man darf den Mut nicht verlieren, wenn Fritz nicht sofort anders wird.
S: Ja, und wütend werden darf man auch nicht dabei.
L: Ich glaube, Peter und Fritz gibt es überall, auch in unserer Klasse.
(Die Schüler wollen gleich Namen nennen. Die Lehrerin kann das gerade noch verhindern.)
L: Und jetzt wollen wir einmal ganz still, jeder für sich nachdenken: Gibt es hier in unserer Klasse Kinder, die ich nicht ausstehen kann, die ich nicht mitspielen lasse? Bin ich nicht selbst schuld daran, wenn sie mich auch nicht mögen? Wie kann ich das ändern?
(Die Schüler sind ganz dabei.[31] Manche blicken sehr auffällig in der Klasse herum. Ein Mädchen flüstert der Lehrerin ins Ohr: «Ich weiß schon, wer bei uns wie der Fritz ist: die Beate. Aber wir sind ja auch immer sehr häßlich zu ihr.» Eine andere sagt: «Gell, das ist der Werner.»[32])

[31] Das Experiment dieser Besinnung war bei dieser Klasse nicht ohne Risiko. Bei ähnlichen Gelegenheiten haben einige Schüler durch Lachen und Spötteleien die Atmosphäre zerstört und den Versuch scheitern lassen.
[32] Die Außenseiterstellung dieser Kinder wurde auf S. 45 beschrieben.

L: So, jetzt hört ihr wieder bitte alle her. Nehmt euer Heft heraus und beginnt mit folgender Aufgabe:
(Tafelanschrieb): «Fritz lebt auch unter uns».
(Anschließend erklärt die Lehrerin die Aufgabe noch näher und geht auf Fragen der Kinder dazu ein.)

5. Schlußbemerkungen zu den Unterrichtsversuchen

Diese Stunden waren Experimente, an die ich mit einiger Skepsis herangegangen bin. Bisher war es kaum möglich, in meiner Klasse eine Unterrichtsstunde zu ihrem Ziel zu bringen und alle Schüler zur Mitarbeit anzuregen. Gerade in Religion saß immer ein Großteil der Schüler unbeteiligt – oder störend – dabei. (Aus technischen oder organisatorischen Gründen wurden alle Unterrichtsversuche im Rahmen des Religionsunterrichts gehalten. Selbstverständlich könnten diese Themen auch in anderen Fächern aufgegriffen werden.) Um so erstaunter war ich, mit welcher Begeisterung und Ausdauer die Schüler während der Stunden dabei waren, mit welcher Bereitschaft sie sich zum Thema äußerten. Während die Schüler sonst nur allzu gern im Unterrichtsgespräch vom Thema abschweifen, mit Störungen ablenken oder nur durch nachbohrende Fragen sich zu Äußerungen bewegen lassen, genügten hier einige Impulse, um das Gespräch in Gang zu halten. Natürlich sind die Schüler noch nicht fähig, in ihren Antworten aufeinander einzugehen. Sie erzählen eben nur, was ihnen zum Thema einfällt. Dabei will jeder auch laut sagen, was er beizutragen hat. Wiederholungen sind also nicht zu vermeiden. Jedenfalls zeigte mir die Mitarbeit der Schüler, daß sie von den Themen wirklich betroffen und angesprochen waren.
Die Effektivität konnte ich teilweise an der Reaktion der Schüler erkennen. Natürlich ist es nicht so, daß sich das Verhalten der Kinder schlagartig gebessert hätte. Doch genügt nun oftmals ein Hinweis auf das Bild der drei streitenden Jungen, daß die Kinder bei Spielen oder im

Unterricht zu einer friedlichen Lösung der Frage kommen, wer erster sein darf. Der Hinweis erfolgt auch öfters von einzelnen Kindern.

Bemerkungen von einigen Kindern mir gegenüber, wie: «Beate ist gar nicht so schlimm. Ich bin heut' morgen mit ihr in die Schule gegangen», oder: «Wir können schon mit Beate auskommen. Ich hab' ihr heute meinen Füller geliehen», zeigen mir, daß zumindest einige Schüler das Problem nach der Stunde nicht ad acta gelegt haben, sondern sich Mühe geben, ihr Verhalten zu ändern.

Ludwig Volz

Vom Sittlich-Elementaren und den verschiedensten Möglichkeiten, in der Grundschule menschliches Verhalten zu erschließen

I

Der Unterricht soll den Kindern Einsicht gewähren. Nur die Einsicht in die Dinge der Welt und den Zusammenhang, in dem sie stehen, läßt die Kinder den An-Spruch der Welt erfahren. Einsicht ist aber – wie wir oben schon gesehen haben – nicht nur das Ergebnis eines intellektuellen Aktes. Das kognitive Moment ist im Unterricht der Schule von großer Wichtigkeit. Aber es ist nur ein Teil dessen, was Einsicht verschafft. Einsicht wird durch ein Zusammenspiel aller menschlichen Potenzen gewonnen. Je näher und unmittelbarer einer bei der Sache ist, je größer seine Verbundenheit mit der Sache ist, umso verständlicher kann sie ihm werden. Sein Ohr wird den Anspruch der Dinge um so besser vernehmen, je vertrauensvoller und liebevoller er sich auf sie einläßt. Der stete Umgang mit der Sache wird sie einsichtig werden lassen. Das hat seine Konsequenzen für die Behandlung der Lebensfragen in der Grundschule. Menschliche Verhaltensweisen werden dem Kind um so einsichtiger, je unmittelbarer es sie erfahren kann. Die Kinder aber erfahren am unmittelbarsten das, was in ihrer Gemeinschaft, in ihrem Schulsaal sich zuträgt. Hier ist das Kind dabei; hier lebt es mit; hier ist es selbst betroffen; hier kann es die Folgen seines Handelns «schmecken». Es wird die umfassendste Einsicht möglich.

Dazu kommt, daß gerade diese Verhaltensweisen durch die ständige Wiederholung der Situation im Schulsaal am besten eingeübt werden können. Der Erzieher hat die Möglichkeit, mit viel Geduld immer wieder dem Kind zu helfen, daß es von seinem eigenmächtigen Wollen und seiner Selbstsucht läßt und dem Anspruch der Situation folgt. An den Unterrichtsbeispielen des Beitrags von Frau Marianne Schuh in diesem Band wird das sehr deutlich. Daß zum Beispiel nicht jeder Schüler zuerst drankommen kann, sondern immer nur einer, wird dem Kind einsichtig, weil es dieser Notwendigkeit Tag für Tag in der Schule begegnet. Daß deshalb immer wieder viele zurückstehen müssen und verzichten müssen, kann bestens eingeübt werden, weil die Schulsituation es so häufig erfordert. Es wird unmittelbar erlebt.

Hier ist ein Problem angesprochen, das seit Pestalozzi die Pädagogen beschäftigt, das Problem der sittlichen Elementarbildung. Schon Pestalozzi forderte für die Methode der sittlichen Erziehung, daß in der Erziehungsgemeinschaft, in den Situationen des Unterrichts und Schullebens, die sittlichen Verhaltensweisen und Werte erfahrbar werden müssen. Und Pestalozzi fordert zweitens, daß nun ebenfalls in der Erziehungsgemeinschaft der Anspruch dieser Situationen in «Übungen der Selbstüberwindung in dem, was recht und gut ist», erfüllt werden muß.

Es sollte also in der Grundschule bei der Behandlung der Lebensfragen grundsätzlich bei dem angesetzt werden, was in der Schule erfahrbar und erlebbar ist. Das ist nicht wenig. Fast alle Formen sozialen Verhaltens sind in ihren Elementarformen schon in der Schulklasse erlebbar.

II

Von diesen Elementarformen aus ergibt sich aber «ein Zugang zu den verschiedensten Formen geschichtlich entwickelter Hochethik, zu den Idealen und den letzten Werten, die ganz personale Entscheidungen verlangen» (Klafki),[1] bis hin zur Nachfolge Christi. Bleiben wir bei

[1] Wolfgang Klafki, Das päd. Problem des Elementaren und die Theorie der kategorialen Bildung, Weinheim 4/1964, S. 346.

dem oben erwähnten Beispiel von Frau Marianne Schuh. Es geht in dieser Unterrichtsstunde «Zuerst komm ich . . .» um eine ganz einfache Sache. Aber sie ist bedeutungsvoll für das Leben. Das wird an folgenden Beispielen sichtbar: In jeden Omnibus, in jede Straßenbahn muß einer als erster einsteigen; die meisten Türen können nur von einem passiert werden; oder: Als Kind konnte ich erleben, daß erwachsene Menschen nicht warteten, als schon die Bomben fielen, bis sie an der Reihe waren, die Tür zum Tiefbunker zu passieren, sondern von oben auf die andern sprangen und viele dabei verletzt wurden. Wenn schließlich einer zugunsten eines Familienvaters auf die Entlassung aus russischer Gefangenschaft verzichtet und auf den nächsten Transport wartet, der viele Monate später geht, kann man das wohl Nachfolge Christi nennen. Wie verhält sich das aber zu dem, was in der Unterrichtsstunde «Zuerst komm ich . . .» besprochen wurde? Es gibt einen Zusammenhang. Es handelt sich nicht um eine Vorstufe zum Eigentlichen, sondern um das «Erschließend-Einfache, das Elementare» (Klafki).

O.F. Bollnow hat in seiner Schrift «Einfache Sittlichkeit» solche elementare Formen des Sittlichen zusammengestellt und kommt bezüglich des Zusammenhangs zu den Hochformen sittlichen Tuns zum gleichen Ergebnis. Er schreibt bei der Behandlung des Mitleids: «Ihre besondere Ausprägung hat diese Haltung des hilfsbereiten Mitleids im christlichen Begriff der Nächstenliebe gefunden . . . Ihr entspringt die Barmherzigkeit, die sich fürsorgend und schonend zum bedürftigen Menschen hinabneigt und auch dem früheren Feinde verzeiht und hilft, statt dem natürlichen Rachebedürfnis nachzugeben und Böses mit Bösem zu vergelten. In der symbolhaften Gestalt des barmherzigen Samariters erscheint diese elementare sittliche Schicht in der Verklärung des christlichen Hochethos.»[2]

Das unterstreicht die These, daß wir in der Grundschule beim Sittlich-Elementaren ansetzen müssen, das dem

[2] O.F. Bollnow, Einfache Sittlichkeit, Göttingen 4/1968, S. 45.

Kind im Schulsaal oder Schulhaus begegnet, und nicht bei den Hochformen christlichen Verhaltens. Wo das Kind gelernt hat an einfachen Dingen, die nun einmal seine Welt ausmachen, dem Ruf und Anspruch der Welt in selbstloser Weise zu entsprechen, ist der Grund dafür gelegt, daß es auch in Situationen, die höchsten Einsatz von ihm fordern, dem Ruf zur Menschlichkeit und Liebe folgen wird.

III

Allerdings werden die Erfahrungen, die das Kind in der Schule machen kann, nicht ausreichen. Wir müssen Wege suchen, mittels denen dem Kind Welt erschlossen werden kann. Zunächst bietet sich die Möglichkeit des «Unterrichtsganges» an. Dazu schreibt W. Klafki: «Wir beginnen zu erkennen, daß das pädagogische Anliegen, den jungen Menschen in die sittlichen Probleme und Aufgaben der mitmenschlichen, gesellschaftlichen und politischen Wirklichkeit einzuführen, die Entwicklung elementarer Formen der Erstbegegnung mit eben dieser Wirklichkeit erfordert. Die Schule und die übrigen Erziehungs- und Bildungseinrichtungen werden den jungen Menschen in Zukunft zeitweilig aus ihren ‹Schonräumen› heraus in den Einsatz angesichts echter Aufgaben der außerschulischen Wirklichkeit hineinstellen müssen, um ihm diese Wirklichkeit in ihren Ansprüchen und Gefahren durch die Erfahrung des Engagements zu erschließen; im behüteten und entspannten Feld der Schule wird dann die strenge Reflexion auf das Erfahrene folgen müssen.»[3] Dieser Forderung wird bei größeren Kindern einfacher nachzukommen sein als beim Grundschulkind. Für die Grundschule wäre der Ausflug zu nennen, bei dem Verhalten im Verkehr, in den Verkehrsmitteln, in der Natur und im Gasthaus erlebt werden kann. Die Einrichtung der

[3] W. Klafki, a.a.O., S. 347.

Waldschule dürfte viele Möglichkeiten bieten, weil die Kinder dort auch miteinander spielen und gemeinsam zu Tisch gehen. Kindergruppen, Frohschargruppen, Ministrantengruppen dürften mit ihren Aufgaben in der Gemeinde wertvolle Hilfe leisten. Der Besuch im Altenheim oder sonstigen sozialen Einrichtungen könnte Verstehen wecken.

Andere Möglichkeiten, die Wirklichkeit zu erschließen, sind uns im Film, in der Fotografie, im Bild überhaupt, im Kunstwerk, im Spiel und vor allem in der erzählenden Darbietung gegeben. Günter Stachel zeigt, wie auch das Puppenspiel sinnvoll eingesetzt werden kann, um den Lebensbereich der Geschwister zu beleuchten.[4] Schließlich ist uns eine wesentliche Form, Welt zu erschließen, in der Dichtung gegeben.[5]

Alle diese Mittel werden umso wirksamer eingesetzt werden können, je mehr der Erzieher Rücksicht nimmt auf die Erfahrungen der Kinder. Das Kind hat schon reiche Erfahrungen gemacht, bevor es zur Schule kommt.[6] Diese muß der Erzieher aufspüren und muß sich Gedanken darüber machen, ob seine Kinder nicht wenigstens verwandten Phänomenen begegnet sind, sonst wird es nicht gelingen, sie zur Einsicht zu führen. Folgendes Beispiel soll das Problem verdeutlichen. In einem Seminar haben wir darüber diskutiert, ob das Phänomen des Ausgestoßenseins im Erlebnisbereich der Kinder des zweiten Schuljahres liegt. Wir meinten, daß die Kenntnis dieses Phänomens Voraussetzung für das Verständnis der Geschichte vom Oberzöllner Zachäus ist. Wir waren uns einig, daß nicht jedes Kind Ausgestoßensein erlebt, daß aber viele Kinder verwandte Erlebnisse haben. Ausgestoßensein bedeutet Liebesentzug. Manche Kinder kommen schon als Ausgestoßene zur Welt, wenn sie nicht gewollt sind. Andere erleben, daß sie zurückgesetzt werden, weil eines der Geschwister kleiner, netter, ge-

[4] Vgl. den Beitrag von G. Stachel in diesem Band, S. 88.

[5] Vgl. den entsprechenden Beitrag in diesem Band, S. 121.

[6] Vgl. den Beitrag von Kl. Tilmann in diesem Band, S. 28.

schickter oder krank und besonders hilfebedürftig ist. Kinder erleben für kurze Zeit den Liebesentzug der Mutter, wenn sie böse waren. Sie sagt: Ich mag nichts mehr von dir wissen. Kindern wird verboten, mit andern zu spielen, und sie erleben hinter der Fensterscheibe das Ausgestoßensein. Kinder erleben, daß andere sie nicht mitspielen lassen. Im Unterricht müssen nicht alle diese Formen genannt werden. Aber der Lehrer muß darum wissen, wenn er den Kindern in den Sachverhalt Einsicht gewähren will.

IV

Diesem Kapitel vom Sittlich-Elementaren soll ein Katalog von Situationen angefügt werden, denen das Kind in der Schule gegenübersteht und die Anlaß zu Themen für den Unterricht über Lebensfragen in der Grundschule sein können.[7]
Kinder müssen sich die Bank teilen.
Das Kind muß seinen Platz verteidigen gegen ständige Grenzüberschreitungen des Nachbarn.
Ein Kind muß warten und zurücktreten, da der Lehrer viele Kinder hat.
Kinder sind unfreundlich zueinander und grüßen sich nicht.
Ein Kind braucht Hilfe.
Kinder stören sich gegenseitig.
Sie hören nicht aufeinander und nehmen nicht ernst, was andere sagen.
Ein Kind wird ausgelacht, weil es etwas Dummes gesagt hat.
Kinder werfen alle Abfälle auf den Boden, ohne an den Hausmeister und die Raumpflegerinnen zu denken.

[7] Manche der Anregungen verdanke ich Frau M. Schuh, andere entnahm ich dem Buch von I. Lichtenstein-Rother, Schulanfang, Frankfurt 7/1969.

Ein Kind findet etwas im Schulsaal.
Es nimmt einer etwas dem andern weg, weil er meint, nicht gesehen zu werden.
Ein Kind belügt die andern.
Ein Kind hat etwas angestellt, es war böse und will es wieder gutmachen.
Ein Kind will mit dem andern nicht arbeiten und spielen.
Alle wollen die Wandtafel auswischen.
Ein Kind will sich wichtig machen und verpetzt andere.
Kinder haben Streit und suchen einen Weg zur Versöhnung.
Es wird schlampig und liederlich gearbeitet.
Die Klasse wird gestört, weil eines immer zu spät kommt.
Schwache Kinder kommen in der Turnstunde nicht nach.
Ein Kind kann seine Aufgabe allein nicht lösen.
Ein Kind ist im Unterricht nicht mitgekommen.
Kinder stören den Unterricht.
Schüchterne Kinder in der Klasse.
Ein Kind hat Angst vor anderen Kindern.
Kinder achten die Rechte anderer Kinder nicht.
Ein Kind will immer im Mittelpunkt stehen.
Ein Kind kann besser rechnen als andere.
Ein Kind ist krank oder körperbehindert.
Ein Kind ist unbegabt.
Ein Kind kommt aus sozial schwachem Milieu.
Ein Kind hat ein Leid zu tragen, das man nach außen nicht sehen kann.
Ein Türkenkind in der Klasse. Es hat einen anderen Glauben.
Vorurteile gegenüber Ausländern und fremden Völkern.
Berechtigte und maßlose Wünsche.
Ein Wunsch muß zurückgestellt werden.
Ein Kind will nicht arbeiten, weil es keine Lust hat.
Ein Kind wird böse, wenn es im Spiel verliert.
Ein Kind kann sich nicht an die Spielregeln halten.
Ein Kind gesteht seinen Fehler ein.
Ein Kind zeigt Mut und ist ehrlich.
Ein Angeber in der Klasse.

Ein Kind entdeckt, daß die Erwachsenen nicht immer gut sind.
Ein Kind bemerkt, daß der Lehrer Unrecht getan hat, und hat nicht den Mut, es zu sagen.
Ein Kind widerspricht dem Lehrer und äußert frei seine Meinung.
Die Kinder sollen ständig auf den Lehrer hören und ihm gehorchen, ohne einzusehen warum.
Dazu kämen Situationen aus dem Straßenverkehr, vom Spielplatz, aus dem Familienleben und dem Leben in der Gemeinde.

Ludwig Volz

Der Kampf um die Bank

Der An-Spruch des eigenen Ich

In der pädagogischen Grundlegung haben wir zunächst vom Anspruch des Seins gesprochen und nicht genügend betont, daß zu diesem Sein auch das eigene Selbst, das eigene Ich gehört. Das soll nun nachgeholt werden. Auch das eigene Selbst stellt Ansprüche und muß sie stellen. Es kann sich nicht nur hingeben an das Sein des anderen. Gesundes Hingeben bedingt sogar, daß man zunächst einmal an sich festhält. Wir dürfen «nicht übersehen, daß die Erfüllung der Ansprüche des eigenen Selbst Voraussetzung dafür ist, daß wir dem Anspruch des andern überhaupt gerecht werden können.»[1] «Ohne Selbstbejahung und Selbstverwirklichung gibt es keine seelische Gesundheit, keinen geraden Charakter und keinen herzhaften Kontakt mit Welt und Mitmenschen.»[2] Das hat man vielleicht in der kirchlichen sittlichen Unterweisung nicht immer genug bedacht. Man braucht nicht in ein dem Christentum und den Kirchen feindliches Lager zu gehen, um Klagen zu hören wie: «Wie vielen Generationen von Unglücklichen und Ausgebeuteten hat die Kirche nicht gepredigt, sie sollten sich in ihr Schicksal ergeben, es annehmen, sich unterwerfen und Entsagung üben!»[3] Oder: Die Psychologen «sehen so viele solcher Männer und Frauen, die auf einer kindlichen Stufe stehengeblieben sind, von einer frommen Erziehung erdrückt und von der Wiege an zur systematischen Entsagung abgerichtet.»[3] Wir wollen nur drei Schulsituationen

[1] Ludwig Kerstiens, Der gebildete Mensch, Freiburg 1966, S. 73.
[2] Albert Görres, zitiert nach: L. Kerstiens, a.a.O., S. 73.
[3] Paul Tournier, Geborgenheit – Sehnsucht des Menschen, Zürich 1969, S. 118.

beleuchten, in denen sich solche Fehlentwicklungen anbahnen können.

I

Zwei Erstkläßler müssen sich die Bank teilen.[4] Zunächst ziehen sie eine Grenze. Ist die Bank alt, ist ihnen die Arbeit leicht gemacht. Alte Bänke haben bereits sichtbare Grenzen. Ist sie neu, wird die Grenze zum mindesten gedacht oder mit Schreibutensilien markiert. Damit aber beginnen erst die Schwierigkeiten. Es kann sein, daß der eine unversehens über die Grenze kommt. Der andere kann ihn nun gewähren lassen, weil er gutmütig ist und weiß, daß der Nachbar es nicht böse meint. Er kann ihn auch darauf aufmerksam machen, daß er sich zu weit vorgewagt hat. Schließlich kann er einen harten Gegenstand ergreifen und dem Nachbarn damit auf den Kopf hauen. Das Problem muß mit den Kindern besprochen werden. Es geht um eine wichtige Lebensfrage. Bei der Besprechung werden die Kinder sicher erkennen, daß die letzte Reaktion nur zu einem heillosen Streit führt und ungerecht und der Situation nicht angemessen ist. Vielleicht kommen sie zur Erkenntnis, daß solche Situationen am besten durch ein offenes Wort bereinigt werden können, damit dem andern auch die Gelegenheit gegeben ist, sich zu verteidigen oder sich zu entschuldigen.
Nun kann ein Erstkläßler aber auch böswillig die Grenze verletzen, weil er sich für stärker hält. Er nimmt sich einfach das Recht heraus, den Nachbarn von seinem Platze zu verdrängen. Der Nachbar kann sich nun zur Wehr setzen und seinen Platz verteidigen, oder er kann kleinlaut nachgeben. In diesem Nachgeben aber liegt der Keimling zur Fehlentwicklung. Trotzdem müssen wir fragen, ob es nicht christlich ist, vor allem gemäß dem Spruch von der «anderen Wange», sich in die Unterdrückung zu fügen? Jeder Erzieher wird intuitiv davor warnen, diesem Kind zu

[4] Ilse Lichtenstein-Rother macht darauf aufmerksam in ihrem Werk «Schulanfang», Frankfurt 7/1969.

predigen, es solle sich fügen. Das kann auch nicht der Weg sein, den das Christentum anzubieten hat. Ständig zurückweichen und sich ausnützen lassen ist nicht unter allen Umständen christlich. Es kann Feigheit sein und Schwäche. Damit aber hat das Christentum nichts zu tun. Feigheit, die mit dem Mäntelchen christlicher Selbstverleugnung verdeckt wird, bringt seelisch kranke Menschen hervor. «Damit die sekundäre Verhaltensweise, die der Widerstandslosigkeit, einen gewissen Wert erhält, ist es notwendig, daß ihr wenigstens ab und zu die primäre Verhaltensweise, die der Selbstverteidigung, vorausgegangen ist. Wer sich noch nie verteidigt hat, wer nie seinem Selbstverteidigungstrieb nachgegeben hat, kann nicht wissen, ob seine Widerstandslosigkeit auf Mut oder Feigheit beruht. Zuerst muß man leben, sich wehren, Erfolg haben, sich behaupten, bevor man sich großmütig zeigt, sonst wird man erbarmungslos von jedermann ausgenützt. ‹Alles, was sich aufessen läßt, wird ohne Dankbarkeit aufgegessen.›»[5]

Das Kind muß seinen Platz verteidigen lernen, und es ist Aufgabe des Erziehers, ihm dabei zu helfen. Das Leben verlangt heute harte Auseinandersetzungen. Ein Sieg der Liebe und der Selbstverleugnung ist es nur, wenn der, der die Macht und den Mut hat, sich zu verteidigen, darauf verzichtet zugunsten des andern. Dort aber, wo er nicht den Mut hat, wo er feige und ängstlich ist, bedeutet es keinen Sieg. Der Erzieher muß also dem Kind den Rücken stärken, daß es sich zu wehren beginnt und dem Anspruch des eigenen Selbst nachkommt. Selbstverständlich ist das, was hier von der Bank gesagt ist, auch Sinnbild für den geistigen Standort. Das Kind muß dazu ermutigt werden, seine Meinung frei zu äußern. Es muß lernen, sie zu begründen und sie zu verteidigen. Das ist nicht nur für die Entwicklung des eigenen Ich notwendig, sondern auch für das Wohl unserer Gesellschaft. Eine Demokratie lebt davon, daß Menschen ihren Mund auftun und das

[5] Paul Tournier, a.a.O., S. 146.

verteidigen, was sie für richtig und wertvoll halten. Wo sollten die Menschen das lernen, wenn nicht in der Schule? Jeden Tag bieten sich dazu Situationen an. Aber nach meiner Erfahrung versagen unsere Grund- und Hauptschulen in dieser wichtigen Lebensfrage völlig. Natürlich ist es – um zu unserem Beispiel zurückzukommen – von unendlicher Wichtigkeit für das Miteinander in unserer Welt, daß die Klasse bespricht, wie man seinen Platz verteidigen kann, ohne sich gegenseitig die Köpfe einzuschlagen.

II

Viele Eltern und Erzieher scheinen auch heute noch so sicher im Besitz der Wahrheit und der Fehlerlosigkeit zu sein, daß es ihnen wie ein Verbrechen vorkommt, wenn ein Kind anderer Meinung ist oder wenn es beim Erwachsenen Fehler zu entdecken scheint. Begründet wird diese Haltung mit der Autorität und mit dem Gehorsam, den ein Christenmensch doch seinen Eltern und Vorgesetzten zu leisten hat. «Wie viele solcher Fälle von mütterlicher Besitz- und Herrschsucht hat der Psychologe schon gesehen! Und welche Not bringt das mit sich. Das hat nichts mit Religion zu tun. Aber wie schade, daß die Religion so oft zur Unterstützung der mütterlichen Herrschsucht herhalten muß.»[6] Was hier von der Mutter gesagt und beim richtigen Namen genannt ist, gilt auch für andere Erzieher. Wer mit Jugendlichen zu tun hat, weiß, daß viele Schwierigkeiten in den Familien und im Verkehr mit den Erziehern dadurch entstehen, daß Kinder und Jugendliche mit ihren Erziehern nicht ins Gespräch kommen. Man frißt in sich hinein, bis es zum Platzen kommt, und jedes Reden, sowohl der Protest des Jugendlichen als auch die Reaktion des Erwachsenen, nur noch ein Monolog sein kann. Oder aber es wird alles geschluckt,

[6] Paul Tournier, a.a.O., S. 122.

und die Folge ist ein verbogener Charakter. Warum hat man als Erzieher um seine Autorität Angst, wenn man einmal begriffen hat, daß Autorität vor allem auf einer größeren und tieferen Einsicht in den Anspruch der Dinge beruht und nicht nur auf dem Muttersein und Erziehersein?
Autorität ist bei der Erziehung unbedingt notwendig, aber sie muß sich von der Einsicht herleiten. Der Autoritätsträger ist vor allem der, der dem noch Uneinsichtigen den Anspruch der Welt verdeutlicht und sich zum Anwalt dieses Anspruchs der Welt macht beim Uneinsichtigen. Das fordert aber, daß man über den Anspruch der Dinge miteinander redet. Wie sollte es ohne Gespräch zur Einsicht kommen? Ohne Gespräch kann das Ergebnis nur trotzige Ablehnung einer auch wohlbegründeten Meinung des Erziehers sein oder aber gedankenlose Übernahme seiner Meinung. Der Erzieher sollte nicht davon ausgehen, daß seine Meinung die einzig richtige sein kann. Er sollte sich immer wieder gemeinsam mit dem Schüler unter den Anspruch des Seins stellen und immer neu hinhören. Das bedeutet, daß er die Meinung der Schüler überhaupt hören will, sie hört und ernst nimmt. Der Schüler soll – wie W. Stengelin formuliert – wissen: «Meine Meinung kommt nicht erst nach der des Lehrers und wird nicht erst durch die Bestätigung des Lehrers etwas wert». Das ergibt eine ganz neue Art von Gesprächsführung in der Klasse.[7]
Vielleicht werden diese Notwendigkeiten vom Erzieher der Grundschule oft nicht bemerkt, «denn die Kinder schweigen viel»![8] Sie lernen auch sehr schnell das sagen, was der Erzieher hören will, und nicht das, was sie denken. Umso mehr sollte der Grundschulerzieher auf eine

[7] Daß das hier Gesagte auch eine didaktische Grundvoraussetzung für jeden wirkungsvollen Unterricht ist, braucht nicht eigens betont werden. Eine Vormeinung des Schülers wird nicht dadurch revidiert, daß sie gewaltsam mit einer anderen Meinung zugedeckt wird. Die Vormeinung muß aufgedeckt werden, mit der Sache neu konfrontiert und am Anspruch der Sache revidiert werden.

[8] Ein bedenkenswertes Wort von Rudolf Lennert.

gesunde Entwicklung des Kindes achten. Dazu gehört, daß es ermutigt wird und frei genug ist, auf angemessene Weise mit den Eltern und Erziehern ins Gespräch zu kommen.

III

Kinder machen Fehler, und Eltern machen Fehler. Schüler machen Fehler, und Erzieher machen Fehler. Man sollte darüber reden dürfen. Den ersten Schritt dazu muß der Erzieher machen, denn er ist dem Kind überlegen.

Christine ist fünf Jahre alt. Sie geht in die Vorschule. Dort hat sie zwei «Fräulein». Eines Tages kommt sie heim und erzählt: «Heute waren die Buben ganz böse und haben das Fräulein Meier geärgert, und das Fräulein Meier hat viel geschimpft und ist fortgegangen und hat gesagt: ‹Ich komme nicht mehr zu euch.›» Auf die Frage der Mutter, ob die Buben bei Fräulein Fischer auch so böse sind, antwortet Christine: «Manchmal sind sie auch bei Fräulein Fischer böse. Aber das Fräulein Fischer bleibt immer freundlich bis die Buben wieder lieb sind.» Die Mutter bespricht mit ihr das Problem und sagt, daß das eine Fräulein eben mehr Geduld hat und «weißt du, das Fräulein Meier ist so wie ich, ich habe auch manchmal zu wenig Geduld mit euch drei». Darauf schaut Christine ihre Mutter zuerst etwas unsicher grinsend an und sagt dann mit Überzeugung: «Ja, Mutti!»

Ein Anfang ist gemacht. Autorität geht dabei nicht verloren. Aber alles wird ehrlicher, menschlicher und damit liebevoller. Es geschieht Begegnung zwischen zwei Menschen nicht zwischen einem «Übermenschen», dem Erzieher, und einem Meinungs- und Befehlsempfänger, dem Kind. Solche Haltung des Erziehers wäre für die Entwicklung unserer Kinder auch in der Schule äußerst wünschenswert.

Das eigene Selbst darf also bei der Erziehung nicht vergessen werden. Es muß aber ebenso deutlich gesagt werden, daß das Ich nicht letzter Bezugspunkt unseres Handelns werden darf. Das Ganze muß gesehen werden. Die eigentliche Menschwerdung geschieht erst da, wo diese primäre Phase der Selbstwerdung überschritten wird, wo der Mensch sich loslöst von sich, um auf den Ruf der Dinge, Lebewesen und Menschen zu hören und ihm zu entsprechen. Dann erst kann man ihn «menschlich» nennen. Und diese Menschlichkeit ist das Ziel und das andere die Voraussetzung.

Günter Stachel

Die Geschwister

Zweites Schuljahr

I

Diese Stunde wurde – bald nach Beginn des Schuljahrs – vor einer zweiten Klasse (Jungen und Mädchen) gehalten. Die Kinder sind eher wild. Einige ordnen sich nicht gern ein. Es brauchte ein paar Minuten, bis die Tische beiseite geräumt und die Stühle im Halbkreis aufgestellt waren und der Lärm abebbte. Ein Tisch war für den Lehrer in die Mitte gerückt worden. Die Kinder hatten einen zweiten Tisch daraufgestellt. Der «Unterrichtsstoff» fand schnell ihr Interesse.
Nach Stoff und Methode wäre diese Stunde eher für die zweite Hälfte eines ersten Schuljahrs geeignet. Die stand im Herbst nicht zur Verfügung.

II

Daß Religionsunterricht in den ersten beiden Schuljahren auch religiöse Umweltdeutung zu leisten hat, ist im «Rahmenplan für die Glaubensunterweisung» etwas zurückgetreten. Die Trennung der Bußerziehung von der Vorbereitung auf die Jahrgangskommunion hat wohl auch dazu geführt, daß die sittliche Unterweisung als Unterrichtsthema nicht mehr vorkommt. Vielleicht hat auch die herkömmliche Form der Gebotekatechese den Planern Zurückhaltung auferlegt. Dennoch läßt sich an den Gegebenheiten des Kinderalltags aufzeigen, daß es auch in diesem Alter möglich ist, sich menschlich richtig zu verhalten (was mit dem Leben, wie Gott es will, zusammenfällt) oder es falsch zu machen. Auch auf dieser Altersstufe sollen die Kinder das Richtige einsehen, verschiedenes Verhalten selbst beurteilen lernen, die Möglichkeiten ihrer Umwelt entdecken. Sie sollen nicht Gebote lernen, etwas auferlegt bekommen, deprimiert werden (zum Beispiel dadurch, daß man sie zu Vorsätzen führt, die sie gar nicht halten können).

Das Verhalten der Eltern und der Geschwister zum Kind, des Kindes zu den Eltern und Geschwistern, sodann die Ordnung des Schullebens bieten erste Gelegenheiten, Mitmenschlichkeit zu üben: sich selber zu behaupten (das muß ja ein Kind, wenn es nicht verbogen werden soll) und doch auch den andern gelten zu lassen. Im Verhalten zu den Geschwistern zeigt sich ein erster Spielraum für eigene Entscheidung – für Vorformen von «gut» und «bös».

Das Handpuppen-Spiel ist in den ersten Schuljahren besonders geeignet, die Umwelt des Kindes im Klassenzimmer präsent zu machen. Da die Kinder mit allen Sinnen daran beteiligt sind, ist es noch eindrucksvoller als eine Erzählung. Es reizt zur Identifikation. Es erheitert und macht, daß alle Kinder unangestrengt mit lebhafter Zustimmung dabei sind. Die Beteiligung nimmt auch bei schüchternen Kindern zu. Es zeigt sich ein Urteilsvermögen, das bei rein verbalem Unterricht verborgen bleibt. Fast jeder hat etwas zu sagen. Auch wird dabei in Geltung gesetzt, was für den Unterricht der ersten beiden Schuljahre auch im Fach Religion gilt: Er hat das Spielalter, den Kindergarten nicht abrupt zu beenden, sondern an das Spielbedürfnis der Kinder anzuknüpfen. – Mit Handpuppen ist unschwer zu spielen. Nur sollten die Rollen im Dialekt gesprochen werden – für einen Nichtbayern, auch wenn er siebzehn Jahre in München gelebt hat, nicht ganz einfach. Aber zu den vielen Schwierigkeiten des Religionsunterrichts kommt ja diese nur ausnahmsweise hinzu.

III

L: Jetzt machen wir eine Religionsstunde. Ich muß euch erst mal sagen, wer ich bin. Ich war zwar siebzehn Jahre in München, jetzt wohn' ich aber hier nicht mehr. Jetzt wohn' ich am Bodensee. Da fährt man drei Stunden mit dem Auto, dann kommt man an. Und dort bin ich so etwas wie ein Lehrer. Aber nicht für Kinder, sondern für solche, die Lehrer werden wollen. Ich bin ein Lehrer für die Lehrer. Und die da hinten, die Damen und Herren, die wollen das alle auch werden. Die wollen auch Lehrer für Lehrer werden. Darum sind wir heute zu euch gekommen, um einmal zu sehen, wie man mit Kindern eine Religionsstunde hält. Nun seht ihr schon an meinem Anzug, daß ich kein Pfarrer bin. Ich bin, guck' mal, was ich bin. Was ist das?

S: Verheiratet.

L: Jawohl. Ich hab' zuhause . . .

S: Ein Ehemann.

L: Ich bin ein Ehemann, ganz richtig. Ich hab' zuhause, ich bin nämlich noch mehr als ein Ehemann. Ich hab' zuhause vier Kinder.

S: Wir sind acht.

L: Acht seid ihr! So viel hab' ich nicht. – Was bin ich da?

S: Ein Vater.

L: Ein Vater, jawohl. Und ich habe einen Buben, der heißt Thomas und geht in die zweite Klasse.

S: Wir sind auch zweite Klasse.

L: Ja, der geht also genau in eure Klasse. Und wenn wir hierher umziehen würden, nach Schwabing, dann käm' der vielleicht zu euch. Manchmal hat er morgens um acht noch nicht Schule, sondern erst um zehn.

S: Wir haben manchmal, jeden Mittwoch haben wir um eins Schule.

L: Siehst du! Und der hat manchmal um zehn Schule. Dann ist er bei der Mutter in der Küche. Dann hilft er ihr abtrocknen, redet mit ihr, darf ihr alles erzählen. Sie sagt auch was. Und da hat er vor einem halben Jahr plötzlich gesagt: «Mutter, ich hab' dich lieb. Dich hab' ich so lieb, daß es fast schon weh tut.» ... Wer von euch hat denn auch schon gesagt: «Mama, ich hab' dich lieb»?

SS: Ich – ich ...

L: Die meisten von euch. Wißt ihr, daß man sagt: «Mama, ich hab' dich lieb», das geht ja nur deshalb, weil dich die Mama auch lieb hat. Wenn sie dich nicht lieb hätte, dann könntest du gar nicht sagen: «Ich hab' dich lieb». Dann hättest du nämlich die Mama gar nicht lieb. Also, die Mama haben fast alle lieb und haben es ihr auch schon mal gesagt. Nun hat man aber nicht nur die Mutter lieb.

S: Auch den Vater.

L: Auch den Vater. Schön, da gibt's noch welche, die wohnen mit uns in der Wohnung. Die haben wir auch lieb.

S: Den Bruder und die Schwester.

L: Wer von euch hat denn einen Bruder? Hm, das ist die Hälfte. Du auch. Und wer von euch hat eine Schwester?

S: Ich hab' zwei.

L: Zwei Schwestern sogar.

S: Ich hab' drei Brüder und eine Schwester.

L: Jetzt, wenn ich aber sagen will: «Ich habe einen Bruder und eine Schwester», wenn ich Bruder und Schwester zusammen nennen will. Ich will nicht sagen: «Ich habe einen Bruder und eine Schwester», ich will's in einem Wort sagen. Geht das?

S: Ja, Zwilling.

(Die Kinder lachen.)

L: Wenn sie zusammen geboren sind, hast du recht. Wenn aber erst der Bruder geboren wird und zwei Jahre später die Schwester, dann kannst du nicht sagen «Zwilling».

S: Ich wüßt' zwei Buben, das sind Zwillinge, wenn sie dann zugleich geboren sind.

L: Richtig. Jetzt, wenn du aber dich, deinen Bruder und deine Schwester auf einmal nennst. Was seid ihr?

S: Wir sind Geschwister.

L: Geschwister: das Wort habt ihr vielleicht noch nicht geschrieben. Habt ihr das schon geschrieben?

S: Nein.
L: Dann wird's höchste Zeit, daß wir's an die Tafel schreiben. Paßt mal auf!
(TA: Geschwister)
S: Freili' ha'm mer des schon g'schriem! – Na – Aber abg'schriem.
L: Vielleicht du schon! – So, hab' ich's richtig geschrieben?
S: Ja.
L: Jetzt lesen wir das.
Alle: Geschwister.
L: Jawohl, Geschwister. Das sind alle Brüder und Schwestern in einer Familie zusammen. Nun hab' ich von meinen Kindern noch nicht gehört, daß der Bruder zur Schwester gesagt hat: «Ich hab' dich lieb». Ich hab' auch noch nicht gehört, daß die Schwester zum Bruder gesagt hat: «Ich hab' dich lieb». Das sagen die Geschwister nicht zueinander. Dein Bruder sagt das ja auch nicht zu dir. Warum sollst du's dann zu ihm sagen: «Ich hab' dich lieb»?
Ja, nun stellt euch mal vor: Da ist einer taub; der hört nichts. Könnt ihr euch das vorstellen?
S: Ja.
L: Der kann aber alles sehen, kann auch schreiben. Wenn er redet, klingt das ein bißchen undeutlich, weil er ja taub ist. Er ist es erst später geworden. Man kann ja sein Gehör verlieren. Der ist jetzt da und sieht. Da redet der Bub, der Mund geht; er ist bei der Mutter in der Küche. Der hat jetzt gesagt: «Ich hab' dich lieb, Mutter», oder: «Ich hab' dich lieb, Mama», so wie er es sagt. Verstanden hat es der Taube nicht. Er ist erst ein paar Tage da. Er sieht den Buben und sieht die Mutter. Kann er das sehen, daß der seine Mutter lieb hat?
(Pause)
Stimmt das? Kann er das sehen? Obwohl er gar nichts hört? Man müßt' es ihm aufschreiben. Der hat gesagt: «Mutti, ich hab' dich lieb», oder: «Mama, ich hab' dich lieb». Aber kann er's auch sehen, ohne daß man's aufschreibt?

S: Vielleicht, wenn er seine Mutter umarmt und ihr einen Kuß gibt.
L: Sehr schön, gut! Aber das macht er nicht gerade. Das ist heute morgen nicht fällig, der Mutter einen Kuß geben. Das macht er jetzt nicht. Aber das kannst du vielleicht trotzdem sehen, daß er die Mutter lieb hat.
(Die Kinder vermuten zunächst, der Taube könne es am Mund ablesen. Dann kommt folgende Lösung:)
S: Wenn er folgt.
L: Wenn er folgt, ja. Da hört der Taube natürlich nichts, aber er sieht, die Mutter red't da was, und auf einmal kommt der Bub gelaufen. Was soll er denn machen?
S: Wenn er, wenn die Mutti sagt: «Hol mal schnell die Lumpen aus dem Bad . . .»
L: Ja, da springt er davon, und dann sieht man ihn kommen mit einem Kübel und einem Lumpen. Da sagt der Taube: «Dieser Bub hat seine Mutter lieb». Der, was macht er, wenn er den Lumpen holt und den Kübel?
S: Er folgt seiner Mutter.
L: Aber du kannst auch noch was anderes sagen. Daß der folgt, kann der Taube gar nicht wissen, weil er gar nichts hört. Der sieht den bloß was anschleppen, was an sich die Frauen tragen: einen Kübel, einen Putzlumpen bringt der. Der Taube sagt: «Aha, der hat seine Mutter lieb.»
S: Vielleicht weil er, weil die Frauen schleppen doch immer das meiste. Nun darf der es mal schleppen, nicht immer die Frauen.
L: Warum trägt denn der Bub einen Kübel und einen Lumpen? Da denkt er nach, weil er nichts hört, und sagt: «Das wird die Mutter brauchen, darum bringt der das.» Er will ihr . . .
S: Helfen.
L: Jetzt stell'n wir uns mal vor, ich bin bei euch zu Haus. Wo sind die acht Kinder? Bei dir?
S: Ja.
L: Ja, also bei euch zu Haus, da bin ich Gast. Ich schlafe im Hotel, weil ihr sowieso schon so viele Zimmer braucht, aber tagsüber darf ich bei euch zuschauen. Jetzt höre ich

nicht, daß du zu einem deiner Geschwister sagst: «Ich hab' dich lieb». Die sagen das zu dir auch nicht. Aber, wenn ich nach einer Woche wieder weggehe, dann weiß ich, ob ihr euch lieb habt ... Obwohl ihr das nicht gesagt habt, weiß ich es. Das hab' ich gesehen, ob ihr euch lieb habt oder nicht. Ich weiß sogar, wen du am liebsten hast und wer dich am liebsten hat. Wie geht das?

S: Mit dem sie sich am wenigsten streiten.

L: Sehr gut. Wenn sie sich nämlich streiten, das hör' ich, weil ich ja Ohren hab'; das ist laut. Das seh' ich auch. Was sieht man da, wenn gestritten wird?

S: Da sind die zwei Buben, die streiten sich und hauen sich.

L: Mach's mir mal vor. Na komm mal! Was seh' ich denn da?

S: Da kann einer ihn nehmen und da ihn in'n Hals reinhauen.

L: Der hält ihn fest und haut auf ihn.

S: Ohrfeigen geb'n.

L: Dann hör' ich auch Schimpfworte. Wie schimpfen sich denn die? Was sagen die?

(Es kommen ein paar Ausdrücke, darunter auch harmlos nette.)

Das hör' ich, wie die das miteinander reden. Und seh' auch, wie die sich was wegnehmen, wie die raufen. Ich seh' aber auch, wenn sie sich lieb haben und hör' auch was anderes. Denken wir mal an eine Familie, wo die Geschwister sich lieb haben. Ich bin bei ihr zu Besuch. Die haben sich lieb. Das seh' ich und hör' ich auch, obwohl sie nicht sagen: «Ich hab' dich lieb» ... Was seh' ich denn da?

S: Weil sie nicht raufen – nicht streiten – nichts wegnehmen.

L: Wenn sie alle schlafen in den Betten, dann machen sie das alles auch nicht, und trotzdem kann ich nicht sagen, daß sie sich lieb haben. Da weiß man gar nichts, wenn nicht gerauft wird. Vielleicht sind die bloß letschert, das gibt's ja auch, gell!

S: Weil sie mitanand spiel'n.
L: So, das ist so was. Die sitzen um den Tisch. Da ist ein Spiel drauf, und das Spiel läuft schön rundherum. Wenn der eine gewürfelt hat, kriegt der andere den Becher, schüttelt, wirft aus. Dann setzt er seine Figuren. Oder die halten Karten in der Hand, dann zieht der eine hier, der andere dort; alle lachen. Und wenn einer ein Quartett hat, legt er's auf den Tisch. So geht das. Ja, was wolltest du sagen?
S: Wenn zwei, wenn ich, wenn sie sich beim Spielen an «Mensch ärgre dich nicht» halten, dann schimpfen sie immer, wenn ein Becher geht, von einem Würfel, dann zanken sie sich auch. Wenn sie sich nicht zanken, ha'm sie sich eben lieb.
L: Gut. Ich kann mir noch vieles andere ausdenken; ja auch, woran man sieht, daß sich Geschwister lieb haben. Und noch viel mehr kann ich mir ausdenken, woran man sieht, daß sie sich nicht lieb haben ... Nun ist das so, wißt ihr. Das wechselt ja. Einmal mag ich meine Schwester, dann sag' ich wieder: «Die möcht' ich am liebsten gar net ha'm, so ärgert mich die.» Und, Gottseidank, wechselt das. Wenn man bös' aufeinander ist, die Geschwister, das hält ja nicht sehr lange an. Fünf Minuten später sitzt man am Tisch, ißt mitanander, vorbei ist der ganze Ärger. «Ärger mi' scho' nimmer; wieder weg!» Wißt ihr, wir müßten uns aber noch mehr anhören. – Die zwei wissen noch was. – Woll'n m'rs, glaub' ich, lieber mal vormachen.
Jetzt will ich euch zeigen, wie das geht, und dazu hab' ich mir solche Geschwister mitgebracht. Seht's mal an! Schaut mal her!
(Gelächter)
Schön, ja?
(Die Puppen werden vorgestellt, drei Geschwister. Ein Mädchen ist siebeneinhalb Jahre. Das Spiel beginnt.)
L: «Guten Morgen, Kinder.»
S: Guten Morgen.
L: «Ich heiße Monika; und mein Bruder und meine

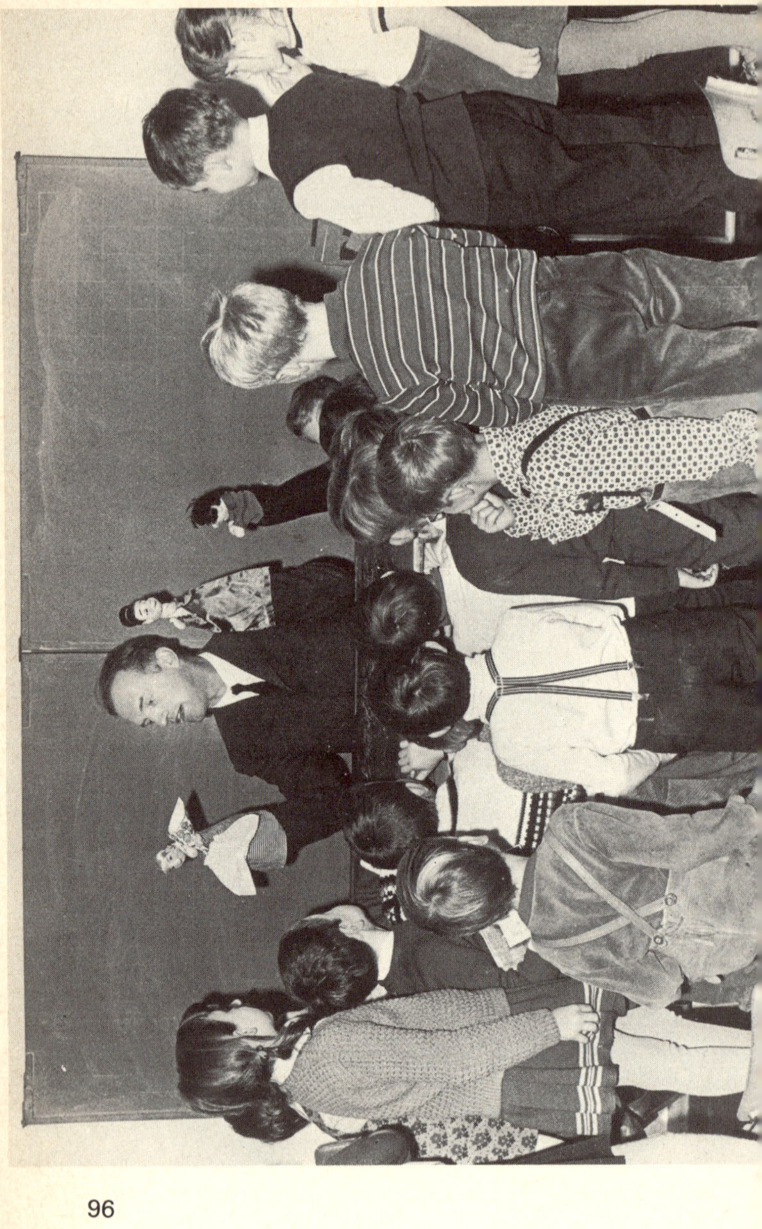

Schwester, die rufen mich Moni. Ich bin siebeneinhalb Jahr alt und gehe, so wie ihr alle, in die zweite Klasse, bloß nicht in eure Schule, sonst würdet ihr mich ja kennen, ja. Jetzt will ich euch mal meine Schwester zeigen. Paßt mal auf!»

(Schwester wird auch hochgenommen.)

«Das ist sie, schau!» – «Ja, ich bin auch da.» – «Das ist die Christl, die da. – Morgen Christl!» – «Gut'n Morgen, Moni!» – «Die Christel, die ihr jetzt seht, die heißt eigentlich Christa!» «Ich heiße Christa. *Ich* bin die Christa, nicht die da, die ist die Moni. – Ich bin die Christl, gell, das wißt ihr jetzt. – Und ich bin zehn Jahre alt, zehn Jahre, und ich gehe in die vierte Klasse. Und ich bin natürlich viel stärker als ihr. Ich könnt' ein'n jeden von euch, auch die Buben dahinten, ordentlich watsch'n, wenn sie frech sind.»

(Die Buben rufen entrüstet durcheinander.)

«Die ist so stark, daß ich mich kaum trau' mit der, das dürft ihr mir glauben.» – «Ja, ich bin sehr stark, darum hab' ich auch eine so schöne Frisur. Schaut mal her! Modern! Einen Knoten nennt man das. Guckt mal meinen Knoten! Sehr ihr'n alle, meinen Knoten? Ganz modern. Ich gehe alle vier Wochen zum Friseur und laß' meinen Knoten neu stecken. Ja, so ist das mit mir. Jetzt muß ich euch noch meinen Bruder zeigen. Jetzt kommt der auf die Hand.» (Gelächter)

«So, da ist er.» – «Ich hab' mich heut' noch nicht gekämmt, ich bin grad erst aufgestanden. Schaut mal meine Haar' an! Gell, ich bin ganz lustig; ich spring' den ganzen Tag herum. Ich gehe erst ins erste Schuljahr und bin sechs Jahre alt und bin so lustig, heijaja. – Guten Morgen.» – «Guten Morgen, Andi. – Der heißt nämlich Andreas, der da.»

S: Andreas, furchtbar!

L: Du, du, Andi.» «Ja, was willst'n?» – «I' bin glei' weg, weil i' in d'Schul' muß.» – «I' brauch' no' net weg, i' bleib' no' da.» – Also, den lass'n m'r noch da. Die Christl geht in die Schule.

S: 'n Schulranzen.

L: «Den hat's in der Schul' g'lassen, am Nachmittag vorher. So, da ist sie in der Schule. Jetzt ist sie weg. Sie kommt aber wieder raus aus der Schule, gell. Jetzt sind'n paar Stunden vergangen. Jetzt geht sie wieder raus aus der Schule.»

S: Hm.

L: Jetzt bleibt sie daheim.

(Die Puppe rutscht von der Hand.)

Na komm, bleib drob'n! So. Jetzt ist die Christl zu Haus und hat gegessen. Schaut's nach'm Wetter. «Ooooh, ist heut' ein schöner Tag! Aber schnell mach'n, daß ich raus komm, am besten gleich rausgehen. Was? Gleich! Aber nein, geht ja nicht, kann nicht gleich rausgehn. Ich muß ja erst meine Arbeiten mach'n, meine Hausi mach'n. Schnell die Hausi gemacht! Ha, wo is' mei' Bleistift, wo is' bloß mei' Bleistift? Hm, Bleistift nicht' da, Bleistift in der Schule gelassen, so was Dummes, so was Dummes! Mach' i' denn bloß ohne mein'n Bleistift? (sucht) ... Ahja, da is' ja 'n Bleistift; da ist ja Christls Bleistift. Ja, Gottseidank, daß er hier liegt, der Bleistift! Den will ich gleich mal aufnehmen. Seht ihr, der Bleistift von Christl. Jetzt brauch' i' bloß mei' Papier.»

(Gelächter)

«Jetz' brauch' i' bloß mei' Papier. Buch raus, jetzt geht's Schreiben an. Also, ich muß heute den Satz schreiben ... Der erste Satz hieß: ‹Wir gehen in die Schule›, ganz leicht, ha'm m'r sofort g'schrieb'n. ‹Wwwwiir geeehhen ...› – Guck amal, wie die gehen geschrieben hat! Stimmt des?»

(Christl hat «geen» geschrieben.)

SS: Na – na.

L: «Is' ja falsch, richtig, da muß ich ja ein ‹h› schreiben. Schnell durchstreichen, durchstreichen und wieder hinschreiben.»

(Gelächter)

L: «ge-hen. – So, geht mal wieder auf eure Plätze. – ‹In die ...› I' glaub', i' glaub', beim die muß ich nach dem i ein ...?»

SS: i – e

L: «Ein e schrei'm. Iiih, so ha'm m'r's scho' glei'. Wie geht's glei' weiter? Wir gehen in die . . .»

SS: Schule.

L: «die Schule. Sch – sch – schu- schu – schu . . . schu – Schule.» (Gelächter)

L: «Schule.»

(Christl kommt links hinter dem Tisch hoch.)

«Ja, Moni!?» – «I' mach' meine Hausi. I' will raus. I' will mit der Anna draußen spielen.» – «Ja, was hast denn du da, sag mal? Ja, was seh' ich denn da, was seh' ich denn da?» – «Ja, ja, ich hab', ich hab' deinen Bleistift genommen.» – *«Meinen* Bleistift genommen hast du, Moni?» – «Ja bittschön, ja, das hab' ich.» – «Was fällt dir denn ein? Meinen Bleistift zu nehmen!» – «Ja, ich, weißt du, ich hab', meinen Bleistift hab' ich verlor'n.» – «So, du g'schlampertes Weibsbild, du! Du hast dein' Bleistift verlor'n.» – «Ja, bitte, ich hab' ihn verlor'n.» – «Und meinen nimmst du?» – «Ja, ich hab' doch sonst keinen.» – «Was fällt dir ein? Gib mir sofort meinen Bleistift wieder!» – «Ach bitte, laß ihn mir doch!» – «Gib ihn sofort her!» – «Ach bitte, laß mir doch den Bleistift!» – «Nein, du gibst ihn her! . . . . (Christl rauft mit Moni.) Gib ihn sofort her!» – «Bitte, laß ihn doch!» – «Gib ihn her!» – «Ich muß doch meine Arbeit machen!» – «Her damit! (Entreißt ihr den Bleistift.) So eine Frechheit, mein' Bleistift zu nehmen!» «Ach bitte, gib ihn mir wieder!» – «Nein!» – «Dumme Kuh, du dumme!» – «Was sagst du: Dumme Kuh? – Muß meinen Bleistift weglegen. Glei' helf' i' dir zu sag'n: dumme Kuh.» – Patsch, patsch. (Christl gibt der Moni zwei Ohrfeigen.) «Aua, aua!» – «Das tut gut!» – «Au, au, au – jetzt hat sie mich gehauen!»

(Gelächter)

L: «Du freches Weib, mein'n Bleistift zu nehm'n. Das ist dir ganz recht geschehen!» – «Au, uuuh . . . auuuuuh, wer hilft mir?»

(Nach einer Pause, in der die Puppen abgelegt werden)

So, was ha'm m'r den jetzt gesehen an den Zweien?

SS: (rufen durcheinander)
L: Was ha'm denn die gemacht?
S: War'n bös.
L: Waren bös, sagst du?
S: Hm, besproch'n ha'm die eben ...
L: Bitte, was sagst du?
S: Die ha'm sich eben gezankt wegen dem Bleistift.
L: Die da, die Moni ...
S: Die ha'm um den Bleistift g'raft.
L: Was ha'm die gemacht? ...
S: Die hat den Bleistift weggenommen.
L: Und die da, die Christl?
S: Die hat gehau'n.
L: Nicht gleich ... Die hat sie nicht sofort gehauen. Das ging erst eine Weile hin und her.
S: Die hat g'schimpft.
L: Schön, die wollt' den Bleistift.
S: Dann hat ...
L: Die wollt' ihn wieder ha'm, gell?
S: Hm, ja!
L: Und die hat gesagt ...?
S: «Ich brauch' ihn für meine Hausi.»
L: Und dann hat sie g'sagt, die Moni sei ein g'schlampertes Weibsbild.
S: Weil, weil sie den Bleistift verschlampert hat.
L: Verschlampert hat, ja. Und jetzt hat die, als der Bleistift weg war, mit der Christl zu schimpfen ang'fang'n. Bis jetzt noch ...
SS: Ja – ja. Nur ich finde, weg'n ein'm Bleistift braucht man sich doch net glei' zank'n. Die macht ihre Hausaufgab'n fertig, und dann gibt's sie ihn wied'r z'ruck.
L: Sehr gut, du weißt, wie die zwei es hätten machen soll'n. Da müss' m'r gleich' noch amal spiel'n! Richtig machen. Wie macht ma' denn das richtig? Die hat sich den Bleistift geliehen. Jetzt kommt die andere rein. Da weiß die ja schon, das sieht die ja sofort ... Da kann die gleich was Gescheites machen. Als allererstes, 'vor die andere zu schimpfen anfängt.

S: «Hast du mein' Bleistift?»
L: Na, na, die Moni soll anfangen, wenn sie g'scheit ist! Die, die so alt is' wie ihr. Wenn die g'scheit ist, dann sagt die sofort was, wenn die Christl reinkommt.
S: Ja, dann sagt sie: «Ja Christl, ich hab, ich hab' mir von dir den Bleistift gelieh'n.» Und dann müßte die Christl sagen: «Das macht nichts.»
L: Das kann man sogar noch netter sagen. Die Moni kann was ganz Nettes zu ihrer Schwester sag'n ... Die kann eine Bitte sagen ... Dann freut sich der andere, wenn er um was gebeten wird.
S: «Leihst du mir den Bleistift, bitte?»
L: Jawohl! Und dann wird eine vernünftige Schwester höchstens noch sagen, weil's ja weiß, die is g'schlampert, die da ...
S: Ja sag'n.
L: Nein! Die sagt – die is' ja g'schlampert, die Moni da – da sagt die net bloß ja.
S: «Von mir aus.»
L: Hm, die sagt noch was dazu, sagt: «Von mir aus», aber jetzt gibt's eine Warnung. «Du, paß auf», sagt sie ...
S: «Paß auf», sagt's, «wenn du den Bleistift auch verlierst, dann kriegst du aber eine von mir!»
L: Nein, das wär' schon wieder bös, gell? Die würde sie zunächst mal mahnen ... Mahn' mal die Moni, die g'schlampert is', die deinen Bleistift hat!
S: «Wenn, wenn du auch den verschlampst, dann sparst a Geld, und dann kaufst m'r 'n neuen.»
(Die Puppen werden wieder aufgenommen.)
L: Ja, die mahnt sie, den nicht zu verlieren. Also, laß m'r die wieder schreib'n. Die schreibt gerade das Wort ‹Schule› ... «Ah, is' das schwer! ... Schschsch.» (Christl kommt.) «Ja, Moni.» «Ach ja, Christl. is' nett, daß du kommst. A, da schau mal, du warst nicht da. Ich hab' gedacht, dir is's doch recht, ich hab' meinen Bleistift verlor'n, gell, du leihst mir den für fünf Minuten?» – «Na, na, na, meine Liebe! Von mir aus scho'. Aber du bist ja g'schlampert, des weißt'. Also, gell, du legst ihn mir wie-

der dorthin, wenn du fertig bist, *dorthin!*» – «Ich versprech dir's, wirklich! Ganz bestimmt! Und vielen Dank, daß du so nett bist!»
S: Hm.
L: «Na, macht nix, gell, schreib! Nachher geh' m'r raus an die Sonne, also tschüss!» – «So, jetzt schrei'm: ‹Schu-schu-l-le›! Punkt, fertig! Nicht mehr Aufgaben heute. Bleistift ablegen, raus an die frische Luft!»
Seht ihr, so geht das friedlich ... wenn man's vernünftig anfängt, kann Streit vermieden werden ... Das hängt allerdings von allen Zweien ab! ... So wie *die* bös wird (die eine Puppe wird hochgehoben), wird die scharf (die andere Puppe wird gezeigt). Dann geraten die zwei immer aneinander, gell? Anstatt daß s'nett mitanander spazieren gehn ... und was Lustiges sich anschaun ... im Sommer ein Eis essen, wenn's Geld ha'm, oder baden gehn, und im Winter schlittschuhlaufen gehn. Das wär' alles so hübsch, wenn die zwei sich nur immer vertragen wollt'n und nicht aneinander rennen, gell?
(Gelächter)

L: Jetzt schaun m'r uns mal noch was an ... Die Moni geht zur Oma.
SS: (rufen durcheinander)
L: Und sie geht jetzt zur Oma. Die Oma hat viele Apfelbäume, die muß man abernten, da häng'n immer noch die Äpfel drob'n. Da, da oben, siehst es?
SS: (Gelächter)
L: Und jetzt kommt der Frost, da verderben die Äpfel. «Ich muß der Oma helfen!» (Pause, Moni geht ab.) So, da hat die der Oma geholfen. Paß mal auf, wie die wieder nach Haus kommt! (Moni kommt von rechts mit einer Tüte.) «Oh, hahaha, was ich da hab', guckt mal, was ist denn das? Ja, was hab' ich denn da? Ruft es mir mal zu!»
S: Ein großen Apfel.
L: «Nein, nein, in der Tüte hab' ich keine Äpfel, da ist etwas viel Schöneres – viel Schöneres hab' ich bekommen.»

S: Erdbeer.

L: «Das hat mir die Oma geschenkt. In der Tüte sind lauter Guti drin, schöne Guti, und g'hör'n alle mir, weil ich ihr geholfen habe. Eine ganze große Tüte voll Guti hab' ich, tralalala, lauter Guti in meiner Tüte!» – So, jetzt kommt der Andi dazu. (Wird auf die Hand genommen, kommt über den Tisch und spricht die Moni an): «Ja, ja Moni, grüß dich, was hast denn du da?» – «Gehst du sofort weg! Das gehört mir, ganz allein!» – «Ach bitte, laß mich doch mal gucken!» – «Nein, nein, dann willst du sofort was haben. Geh weg von hier!» – «Ach bitte, bitte, bloß mal gucken, ich will ja gar nichts, bloß mal gucken.» (Andi guckt in die Tüte.) «Oooaa, ah, fein, oh, sag mal, das sind Gutibärle!» – «Da hast du ganz recht. Und alle gehören mir, die Gutibärle. Die eß ich alle ganz allein auf!» – «Ach, bitte, gib mir doch auch was davon!» – «Nein, ich habe der Oma geholfen, und die Gutibärle gehören mir. Und scher dich weg, ich eß' sie ganz allein auf!» – «O bitte, gib mir doch was!» – «Du bekommst nichts von den Gutibärle. Geh' sofort weg, ich eß' sie ganz allein auf!» (Die Puppen werden weggelegt. Kleine Besinnungspause.)
Was sagt ihr denn dazu?

S: Die Moni, die hat ja ... Die Moni, die hätt' ihm mal eins geben müssen.

L: Klar hätt' sie ihm eins geben soll'n ... Woll'n m'r mal sehn, wie's eine Moni macht, die teilt. Mach's mir mal vor!

S: I' woaß!

L: Die Moni hat ja net bloß den da, die hat ja auch noch die andere ... Die hat ja auch noch die, wie heißt sie gleich?

S: Christl.

L: Die Christl. Du kommst mal vor. Du nimmst die Christl auf die Hand. Ich kann ja nicht alle halten. Die soll ja auch was kriegen. Du steckst deinen Zeigefinger da rein in das Kopfloch, und den Daumen in's andere. Ja, i' tät's mal andersrum pack'n, dann kannst' die Händ' zusammenpatsch'n, so! (Eines der Mädchen ist als «Mitspielerin»

nach vorn gekommen und hat den «Andi» zuerst verkehrt auf die Hand genommen.) .... Wie soll das eine Moni machen, die teilt? Wer weiß das?
S: Der Christl eins, dann dem Andi, dann ihr eins. Dann wieder der Christl, dem Andi, dann ihr.
L: Bis die Tüte ...
S: leer is'.
L: Leer ist. – Aber sie hat ja schließlich gearbeitet, die anderen haben nicht gearbeitet. Haben gespielt.
S: Die war geizig und ...
L: Jetzt woll'n m'r eine spielen, die nicht geizig ist, sondern nett. (Die nächste Szene beginnt wieder damit, daß Moni mit ihrer Tüte kommt.) «Ich habe eine Tüte mit Guti bekommen, ah, ich habe eine Tüte bekommen!» – «Ja Moni, bist du auch wieder da von der Oma?» – «Ja, i' bin scho' wieder da.» – «Ja, was hast' denn da?» – «Eine Tüte, eine Tüte hab' ich bekommen.» – «Darf ich mal reinschaun?» – «Ja, schau nur rein!» – «Oooo, Gutibärle!» – «Ja, gell, da hast du auch a Freud an Gutibärle? Die hab' ich, die schmecken so gut!» – «Ob ich da auch was kriege? Ob du mir bitte auch was?» – «Nur langsam, mei' Lieber, gell? Jetzt woll'n m'r s'erst mal zählen, die Gutibärle!» – «O ja, da helf ich dir.» – «Du bring schnell mei Drahtgestell, ich will die Tütn abstell'n.» – «Da, da is' scho' des Drahtgestell, jetzt stell m'r dei' Tütn rein.» (Die beiden Puppen stellen ein zurechtgebogenes Maschendrahtgitter auf den Tisch, wie es als Einsatz in Blumenvasen verwendet wird. Dort stecken sie mit vereinten Kräften die Tüte hinein und zählen unter Kontrolle der nach vorn gekommenen Kinder die Gutibärle. Moni verzählt sich.)
L: «Eins, zwei, drei, vier, fünf, sechs, acht ...»
S: Sieben.
L: «Ach, hab' ich mich schon verzählt, also, sechs sind's jetzt?»
S: Na, sieben!
L: «Sieben, acht. Du, Andi, leer die Tüte amal aus, das muß schneller gehn! Ua, wieviel kommen da noch raus!»

S: Neun, zehn – zehn!
L: «Halt, da is' noch einer, der muß auch noch mit!»
S: Elf, zwölf.
L: «Jetzt zähl'n m'r noch mal nach.»
L und S: «Eins, zwei, drei, vier, fünf, sechs, sieben, acht, neun, zehn.»
L: «Da hat einer eines stiebitzt! Warst du des, Andi?» – «Bitte, nein, ich hab' ganz bestimmt keine.» – «Mach mal den Mund auf!» – «Schau rein!» – «Na, nix herinnen, mal riechen. – Na, der hat no' nix' gessen! – Zehn Stück! Das is' aber jetzt schwer zu teilen. Da muß ich mich erst mal hinterm Ohr kratzen. Geht ihr auf eure Plätze!» (Die Schüler gehen nicht, sondern zählen von neuem.)
L und S: «Eins, zwei, drei, vier, fünf, sechs, sieben, acht, neun, zehn, elf!» –
L: «Elf Guti – und eins, zwei, drei Kinder. Ja, wie macht ma' jetzt des? Elf Guti für eins, zwei, drei. Da kriegt jeder, aaa ... zwei Guti. Das macht zwei, vier ... sechs. Sechs und elf? Nein, nicht elf und sechs, sondern elf weg sechs ... gibt ... äh, sag du's! Elf weg sechs gibt ...»
S: Ich sag' dir's g'schwind!
S: Äh, äh, fünf!
L: «Fünf, auf drei Kinder geteilt, fünf auf drei Kinder ...»
S: Geht net.
L: «Fünf auf drei Kinder, kriegt ein jeder zwei, ja?»
S: Eine, geht net!
L: «Ha, geht net! Dann ge'm m'r jedem eins! Eins, zwei, drei! Fünf! Blei'm noch, blei'm noch?»
S: Zwei.
L: «Wer kriegt die zwei, die übrigbleiben? Wer kriegt die?»
S: Die Mutti!
L: «Wer kriegt die *zwei*?»
S: Die Mutti und der Vati?
L: «Aber die essen keine Gutibärle. Der Vater trinkt a Bier und die Mutter an' Kaffee. I' glaub', die zwei derf i' mir b'halten; i' hab' ja auch g'arbeit' ja, und die andern net?»
S: Ja.

L: «Gut, dann machen wir's so. Kommt her, ihr kriegt jeder drei: eins, zwei, drei Christl; eins, zwei, drei, die sind für den Andi!» – «Vielen Dank, das war lieb von dir, du bist eine liebe Schwester!» – «Vielen Dank!» – «Geb' ich euch gern. Ihr seid ja auch nett zu mir und teilt mit mir auch!»

Jetzt haben wir gesehen, wie's schön geht. Und die Gutis nimmst du mit, weil du mir beim Spiel geholfen hast. Die noch dazu. Verteil' sie in der Pause und geh' wieder an deinen Platz. – Jetzt bräuchten wir noch eine ganze Stunde. Da würden wir noch sehen, wie sich Geschwister helfen ... Da kommt zum Beispiel der Andi heim, der ist durch eine Hecke durch, weil Äpfel am Boden lagen in dem Garten. Und er hat's schon drei Tag' liegen sehen, und niemand hebt den schönen Apfel auf, da ist der durch die Hecke durch und hat ihn geholt. Dabei hat er sich seine Strümpf' zerrissen. Und, wenn die Mutter abends heimkommt, die hat ja so viel Arbeit ... die schimpft den her, daß er in gar kein' Schlappschuh mehr reinpaßt.
(Lachen)
So schimpft die mit dem. Darum sagt er zu der Moni: «Guck amal meine Strümpf', zerrissen, in der Hecke, der blöden.» Hat die einen Einfall. «Hm», sagt die, «die Christl hat ja in der Schule schon Handarbeit ... Schau! Die kann strümpfstopfen.» Dann laufen die beiden zu Christl, zeigen ihr den Strumpf. «Bitte, Christl, hilf, die Mutter schimpft doch.» Da sagt die Christl: «Du bist auch ein Bazi! Durch jede Hecke mußt du durch!»
(Lachen)
«Was glabst denn, was des für a Arbeit macht! Da sitz i' jetzt a Stund' hin, bis die Löcher zu sind! Also, des machst' m'r nimmer!» Dann holt sie das Garn, den Stopfpilz; dann geht's los. Die Mutter merkt's überhaupt net. Oder nächstes Mal bei der Wäsche fragt sie: «War ich denn so müd' beim Stopfen, daß ich das so zusammengezogen hab'? Versteh' ich net.»
Ja, so helfen sie, gell? Jetzt müssen wir zum Schluß bloß

noch etwas überlegen: Die Eltern und die Geschwister, die hat man sich ja nicht selber angeschafft. Da kann man nicht in's Geschäft gehn und sagen: «Verkaufen's mir mal zwei Geschwister!»
(Lachen)
Geht nicht, gell'... Auch Vater und Mutter kann man nicht einkaufen gehn.
(Lachen)
Es gibt Dinge, die können wir uns selber nicht herschaffen ... Was macht man denn da? ... Von wem kriegt man das? Die Eltern und Geschwister? Ja, sag's ruhig!
S: Vom lieben Gott.
L: Wenn Gott uns was schenkt, will er auch, daß wir damit etwas Schönes machen. Schenkt er uns Geschwister, können wir gleich sagen, was er von uns will.
S: Wir sollen nicht mit ihnen streiten.
L: Natürlich, daß wir es schön haben miteinander ..., daß wir uns gern haben ... und, wenn wir mal gerauft haben, manchmal ist raufen gut, manchmal bös ... wenn wir bös gerauft haben, na, was ist da?
S: Dann sollen wir wieder aufhör'n, hinterher.
L: Ja, dann sollen wir hinterher wieder, wenn wir bei Tisch sitzen, und wenn wir dann ins Bett gehen ..., woll'n wir wieder nett sein zueinander, wieder helfen, teilen miteinander. Das wollen wir Gott zum Schluß noch sagen, in einem kleinen Gebet. Dazu stehen wir noch auf. Ihr dürft nachsprechen. (Der Lehrer spricht vor. Die Kinder sprechen satzweise nach.):
Lieber Vater im Himmel.
Du hast mir Vater und Mutter geschenkt.
Ich habe dich lieb.
Vielen von uns hast du Geschwister geschenkt.
Wer nicht Schwester und Bruder hat, hat doch Freunde.
Wir wollen mit unseren Geschwistern und unseren Freunden nett sein.
Wir danken dir für alles Gute.
Amen.

Willi Stengelin

Ein Bild als Frage an ein drittes Schuljahr

Vorbemerkungen:

1. Es geht um eine Bildbetrachtung. Als Bild diente der Farbholzschnitt «Der barmherzige Samariter» von Thomas Zacharias aus der Reihe «Farbholzschnitte zur Bibel».[1] Das Bild macht einen sehr düsteren Eindruck. Ganz unten liegt der Geschlagene. Über ihm lastet das Dunkel, das von zwei Gestalten oben links auszugehen scheint. Die Gestalten sind wie Schemen und schreiten mit sturem Blick aus dem Bild hinaus. Rechts oben kommt der Samariter. Er schickt sich an, in das Dunkel zu dem Geschlagenen hinabzusteigen. Die einzigen Lichtblicke auf dem Bild sind die Gestalt des Geschlagenen und die des Samariters, da sie in den hellen Farben der menschlichen Haut dargestellt sind. Alles andere ist Wüste, Stein, Dunkel.
2. Wir sind in einem gemischten dritten Schuljahr in München. Die Kinder sind sehr gesprächsfreudig und vom ersten Schuljahr an im Gespräch geübt. Es besteht ein gutes Verhältnis zwischen dem Lehrer und der Klasse. Beide kennen sich schon lange und sind aneinander gewöhnt. Ein Unglücksfall beschäftigt die Klasse stark. Die Mitschülerin Alwine hat beide Eltern verloren und ist in ein Heim gekommen. Sie ist nicht mehr in der Klasse. Die Kinder haben schon gesammelt, um Alwine ein Geschenk machen zu können. Zum Gespräch und zur Bildbetrachtung sitzen die Kinder in der vorderen Hälfte des Raumes in einem Halbkreis in drei Reihen gestaffelt. Es standen zwei Doppelstunden zur Verfügung.
3. Da es das erste Zachariasbild ist, das die Kinder betrachten, wird zunächst durch ein induktives Gespräch

[1] Th. Zacharias, Farbholzschnitte zur Bibel, München 1966/67

versucht, ein gewisses Vorverständnis zu schaffen. Es soll der Betrachtungsweise der Kinder eine gewisse Richtung geben, da sie nicht ohne weiteres diese Bildsprache verstehen. Das Gespräch wird möglichst offen geführt. Bewußt wird auf eine Hinführung zu einem verengten Ziel verzichtet, damit die Kinder die Möglichkeit haben, vielerlei Einstellungen und Aspekte der Wirklichkeit einzubringen. Deshalb wird zum Beispiel auf Probleme wie die Finanzierung von Heimen eingegangen. Es soll dadurch verhindert werden, daß die Kinder von vornherein in die Rolle des Geldspenders gedrängt werden. Sie sollen vielmehr Interesse bekommen an den bestehenden Organisationen, um später selbst Einfluß nehmen zu können auf die Organisationen der Fürsorge und der Caritas.

Erste Stunde

L: Es gibt viele Bilder. Hier im Schulsaal habt ihr welche aufgehängt. Manche Kinder hängen sich zu Hause Bilder auf.
S: Von meiner Oma überm Bett. – Von meinem Wellensittich.
L: Es gibt auch traurige Bilder.
S: Ich habe ein Bild von Biafra gesehen, wo die nigerianischen Soldaten einen fesseln, gefesselt haben und mit einem Strick gehauen haben. – Ja, es waren Frauen und Kinder. Da hat ein Soldat einen immer so geschlagen. Die Füße waren nicht gefesselt, bloß die Hände. Da war dann drunter gestanden, wie die Soldaten von Biafra die gleiche Sitte in Nigeria machen.
L: Jede Seite macht dasselbe mit ihren Gefangenen.
Wie stand der Geschlagene da?
S: Er lag am Boden. Auf der Seite. So. (Der Schüler macht es vor.)
L: Hat sich von euch auch schon einer gefühlt wie ein Geschlagener?
S: Der andere braucht ihm ja bloß unrichtig irgendwie

einen Schlag geben, dann kann der ja auch halb tot sein. – Ich war wie geschlagen, wie ich vom Baum runter gefallen bin.

L: Wer von euch war schon einmal richtig traurig oder unglücklich?[2]

S: Wie unser Vogel gestorben ist. – Da war ich mal im Wald, da bin ich vom Weg abgegangen, da hab ich mich verlaufen. – Ich war unglücklich, wo mein Fahrradschlauch geplatzt ist. – Ich war unglücklich, wo meine Oma gestorben ist.

L: Ich glaube, wir kommen schon zu der Erkenntnis: Uns geht's recht gut. Wenn wir nach Unglück fragen, müssen wir suchen. Im Grunde genommen sind alle zufrieden.

Manchmal braucht man nicht weit zu gehen, um Unglückliche zu finden. Lange Zeit habe ich es z.B. nicht gewußt, was mit der Alwine los war. Ihre Eltern sind doch gestorben.

S: Das war traurig. Die hätten sich gar nicht vergiften brauchen.

L: Das sagt man nachher leicht.

S: Weil sie die Alwine nicht mehr bekommen haben, ist im Münchener Merkur gestanden.

L: Was Genaues wird man da nie raus bringen.

S: Jede Zeitung schreibt nämlich anders.

L: Wie wird sich wohl die Alwine fühlen? –

Wer von euch kümmert sich denn um die Alwine?

S: Ich spende Geld. – Das tue ich auch.[3]

L: Das meine ich nicht.

S: Ich wünsche Alwine, daß sie bald wieder Eltern bekommt. –

Daß sie es auch wieder so gut hat wie wir.

L: Das ist gut gemeint von Elke. Das ist nett, wenn sie so Anteil nimmt an ihr.

Hat jemand von euch in letzter Zeit – ohne daß man ihn erinnert hat – an Alwine gedacht?

[2] Es geht um die wirklichen Erfahrungen der Kinder. Man kann allerdings nur so fragen, wenn man die Klasse gut kennt und ein gewisses Vertrauensverhältnis besteht.

[3] Die Klasse hat einmal für ein Geschenk für Alwine gesammelt.

S: Gestern abend. – Vor einer Woche. – Wir reden fast jeden Tag von ihr.
L: Aber die Alwine ist doch weit weg von hier. Wo ist sie eigentlich?
S: Im Heim.
L: Wer weiß die Adresse? (Niemand meldet sich.)
Ihr denkt an sie und wißt nicht einmal, wo sie ist.
S: Weil man's uns nicht gesagt hat.
L: Und fragen kann man da nicht?
Wer könnte die Adresse wissen?
S: Unser Fräulein ... oder Sie?
L: Da muß ich nun zu meiner Schande gestehen, daß ich's nicht weiß.
S: Aber Sie denken auch darüber nach. Und wissen's auch nicht.
L: Ein Bild hat mich zum Nachdenken gebracht. Es ist ein aufregendes Bild. Ich könnte es nicht den ganzen Tag anschauen. Ich würde es mir auch nicht aufhängen.
S: Warum?
L: Weil das Bild wie eine gemalte Frage wirkt.
Ich habe es euch mitgebracht. Aber bevor wir uns das Bild anschauen, wollen wir erst noch einiges überlegen. Wie könnte man auf einem Bild Menschen darstellen, die ein Unglück getroffen hat? Ich meine die Form. Würde der auf dem Bild so dastehen, wie ich vor euch stehe?
S: Nie. – Daß er zerrissene Kleider an hat. – Vielleicht daß er gelähmt ist. – Im Rollstuhl sitzend. – Ich würde ihm eine Schiene ans Bein machen oder an den Arm.
L: Vielleicht müßte man für euch viele verschiedene Kranke auf ein Bild bringen, nicht bloß einen. Einen Gelähmten, einen Blinden. ...
S: Kann man ja nicht darstellen. – Doch, man könnte ihn mit einer Binde um den Arm malen. – Eine gelbe Binde. – In unserm Haus hat ein Mann einen Arm weg. – Ich kenne einen, der hat einen Holzfuß.
L: Es gibt viele, die Unglück haben in der Welt. Manchen sieht man es vielleicht nicht an. Sie sind gesund und munter, und trotzdem sind sie nicht glücklich.

S: Keiner spielt mit ihm. – Weil man nicht alles hat, was man möchte. Sie haben keinen Freund. – Oder keine Freundin. – Oder wenn sie keine Mutter haben oder keinen Vater. – Wenn sie nur geschlagen werden.
L: Es gibt auch Erwachsene, die sind anscheinend körperlich kerngesund und sind trotzdem nicht glücklich.
S: Wenn einem die Frau wegstirbt, und er hat niemand mehr, der ihm kocht. – Früher mochte auch niemand die Zöllner.
L: Gibt es heute auch noch Menschengruppen, die man nicht mag?
S: Wenn Gangster wieder aus dem Gefängnis herauskommen, werden sie von den Leuten herumgeschubst und verachtet, nur weil sie etwas angestellt haben, und sie bessern sich, aber niemand will sie, dann machen sie dasselbe wieder.
L: Ja, was bleibt ihnen denn anderes übrig. Es kann natürlich umgekehrt auch sein. Man kümmert sich um sie und fällt herein damit. Das ist ein Risiko. Aber die Tatsache ist schon so, wie du gesagt hast.
S: Im Krieg da mag jeder Mensch den andern nicht, der nicht zu seiner Partei gehört. – In Amerika werden die Neger verachtet. – Sie werden als Sklaven behandelt. – Nur wegen der Hautfarbe.
L: Nicht nur wegen der Hautfarbe. Sie haben auch andere Lebensgewohnheiten.
S: Wieso?
L: Wir sind den andern Völkern fremd, und die sind uns auch fremd.
S: Wir kennen die nicht. – Manche mögen die Juden nicht. – Die Polizisten, die die Autofahrer für einen Fehler bestrafen, sind von den Autofahrern gehaßt. Denn dann müssen sie Strafe zahlen.
L: Aber zu Unrecht sind sie gehaßt.
S: Der Hitler hat keine Juden mögen. Meine Mutter hat mir mal was erzählt. Er hat so viele getötet, wie's nur gegangen ist.
L: Das ist erst 25 Jahre her. Da ist einer kein richtiger

Mensch, wenn er so etwas tut. Oder wenn er sich nicht davon beeindrucken läßt und ihm das egal ist.
Jetzt wollen wir das Bild betrachten. (Das Bild wird aufgestellt.)
S: Das ist ein Gelähmter. – So traurig. – Da meint man, der ist geschlagen worden, der untere. – Der ist ja geschlagen.
L: Genau. Das wollte der Maler darstellen, was wir jetzt besprochen haben. Das ist nicht ein ganz bestimmter Mensch. Der eine mag sagen: Das ist ein Gelähmter. Der andere kann sagen: Das ist ein Geschlagener.
S: Und was meinen Sie, was es ist?
L: Es ist ein Unglücklicher. Auf irgend eine Weise ist dieser Mann unglücklich geworden oder ins Unglück geraten.
S: Da ist es ganz dunkel.
L: Wo ist die dunkelste Stelle?
S: Um den Mann herum. – Das oben ist aber auch dunkel. – Aber nicht gar so dunkel. – Halbdunkel. – Das Dunkel hat was zu bedeuten.
L: Das Dunkel ist eine Symbolfarbe. Vielleicht haben wir früher schon einmal davon geredet: Wenn einer unglücklich ist, dann kann das Wetter draußen noch so schön sein, hellster Sonnenschein, für ihn ist die Welt nicht schön.
S: Mir gefällt das Leben schon gar nicht mehr, weil ich weiß, was bei mir kommt.[4]
S: Was? (Beeindruckt von dieser Bemerkung.)
L: Wir wollen einmal allein darüber reden, nicht vor der ganzen Klasse. –
Das Dunkel ist über dem Mann am tiefsten. Wo kommt es her?
S: Von da unten. – Nein, das Dunkel kommt von oben. Von da – dann runter. – Oben ist es noch grün, und unten ist alles schwarz. – Da sind noch zwei Männer, und die sind auch fast nicht mehr sichtbar.

[4] Das Mädchen ist sehr labil und macht Schwierigkeiten. Es weiß, daß es demnächst in ein Heim kommen soll.

L: Schaut sie mal an. Mit schwarzen Umrissen sind da zwei Menschen dargestellt. Die schauen fort – man sieht sie gehen – und von diesen geht nun das Dunkel aus.
S: Wieso? – Sie haben ihn geprügelt.
L: Das ist eine Vermutung. Laßt euch mal nicht von Vermutungen leiten, sondern nur von der Form.
Die beiden gehen und bringen dadurch ein Unglück auf den Menschen unten.
S: Wieso bringen die, wenn's da oben gehen, ein Unglück auf den? – Weil sie ihn nicht wollen. – Sie verachten ihn. – Sie wünschen ihm Unglück.
L: Der sitzt geschlagen da. Und die gehen. Sie bringen, weil sie gehen, ein Unglück auf den.
S: Wieso durchs Gehen?
L: Das sind alle die – hier sind es zwar bloß zwei –, die an den Menschen vorbeigehen und sich nicht um ihre Not kümmern.
S: Was ist dann mit dem da oben? – Der will ihn retten. – Er geht zu ihm herunter. – Er will ihm helfen. – Darum ist er auch heller. – Das erinnert mich an Moses oder Josef und seine Brüder, die haben ihn in den Brunnen geworfen und sind fortgegangen. Dann ist einer zurückgegangen und wollte ihn retten, einer von den Brüdern.
S: Warum sind die da oben dunkel und der da unten so hell? – Die andern sind ja nicht so wichtig wie der.
L: Ja, diese schauen lebendig aus, und die schauen tot aus, wie Schemen, wie leblose Figuren aus Stein. Einer, der sich nicht um die Not seiner Mitmenschen kümmert, ist kein lebendiger Mensch.
S: Bloß ein Schein.
L: Zum echten Menschen gehört, daß ihm die Not des andern am Herzen liegt.
Einer hat vorhin gesagt, daß das Bild traurig ist. Stellt euch einmal vor, der Helfer wäre weg (Figur wird abgedeckt).
S: Dann wäre es traurig.
L: Das wäre ein grausames Bild.
Was wäre wohl das für ein Leben, wenn wir sagen müß-

ten, so sind die Menschen! Da kann dem andern passieren, was will, keiner kümmert sich.
So aber hat das Bild doch etwas Tröstliches an sich.
S: Ja, der da!
L: Es gibt zwar solche, die den andern im Stich lassen. Es gibt aber auch solche, die sich um die Not des andern kümmern.
S: Die gibt's aber weniger als die Bösen!
L: Ich habe doch am Anfang gesagt: Das Bild kann einen aufregen. Es ist eine Frage. Es fragt: Zu welchen gehörst jetzt du? Möchtest du solch einer sein? (gezeigt wird auf den Retter) Oder bist du einer von diesen?
S: Das kann ich nicht entscheiden. – Das weiß man nicht genau.
L: Darüber müssen wir in der nächsten Stunde weiterreden.

Zweite Stunde

L: Leider konnte ich das Bild nicht mehr mitbringen. Ich hatte es nur ausgeliehen und mußte es zurücktragen.
Wer von euch kann sich noch an das Bild erinnern?
S: Ich kann's aufzeichnen auf die Tafel.
L: Würdest du das machen?
S: Ich auch, ich auch . . .
L: Die breite Wandtafel erlaubt vier Bilder nebeneinander. (Der Lehrer wählt zwei Buben und zwei Mädchen aus. Einige Zeit verfolgt die Klasse schweigend die Arbeit ihrer Kameraden an der Tafel. Schließlich nehmen nacheinander einige ihre Zeichenblocks herauf und beginnen für sich zu arbeiten. Die Klasse arbeitet bei großer Stille etwa 10 bis 15 Minuten.)
L: Wir müssen jetzt aufhören.
Wir wollen uns alle die Bilder an der Tafel anschauen. Ihr sollt mir jetzt nicht sagen: Der Friedrich hat's am besten gemacht. Das ist Begabungssache. Es geht uns auch nicht darum, welches von den vieren uns am besten gefällt.

S: Welches am deutlichsten ist, welches man am besten erkennt.
L: Es geht um die Überlegung: Welcher Schüler hat das, was der Künstler mit seinem Bild sagen wollte, am deutlichsten nochmal aus dem Gedächtnis nachgestaltet.
S: Der Friedrich hat es am deutlichsten gemacht. – Auf dem Friedrich seinem Bild sieht man, daß diese zwei weggehen. Die zwei kümmern sich nicht um den Verletzten. Das sieht man deutlich. Und der kümmert sich drum. Und genau so war's auf dem Bild dargestellt. – Ich wollte noch sagen, daß man bei allen erkennt, daß die weggehen, das merkt man überall, in allen vier Bildern. – Da erkennt man nicht, daß der runtergeht. Bloß der eine schaut her, da meint man, er kümmert sich drum. – Beide schauen her. – Nein, der schaut auf die andere Seite. – Der hat schon die Hände bereit und will ihm helfen. – Bei diesem Bild, da meint man, daß der mitleidig zu dem andern schaut.
L: Wer Lust hat, bis zum nächsten Mal sein Blatt fertig zu malen, kann das machen. Wir kleben dann die Bilder alle an die Tafel, dann können wir sie leichter betrachten.
Was ist euch denn zum Inhalt unseres Bildes noch im Gedächtnis geblieben von der letzten Stunde?
S: Wir haben gesagt, daß Alwine es schön hat, wenn sie ins Heim kommt. – Sie haben gesagt, wenn ihnen ein Bild nicht gefällt, dann hängen sie's auch nicht auf. – Und dann haben wir noch gesagt, daß das Schwarze von oben runter kommt. – Wir haben gesagt, das von der Alwine ist genau so traurig wie das Bild. – Davon könnte man auch ein Bild malen. – Und ich habe gesagt, das von der Alwine ist genau so traurig wie das Bild. Und das möchte ich auch gar nicht malen. – Ich würde es fast genauso wie das zeichnen. Bloß daß die da weg sind und ein anderer will ihm helfen.
L: Kannst du das einmal genauer sagen?
S: Daß die da weg wären, und dann würde eine Mutter kommen und der Alwine helfen. – Ich stelle mir das anders vor. – Ich würde viele machen, die der Alwine helfen,

weil wir ihr ja auch alle helfen. – Man könnte ja auch machen, wie die Alwine in einem Heim ist und auf einem Stuhl sitzt, und Eltern kommen und wollen die Alwine mitnehmen. – Die Eltern leben ja nicht mehr. – Ich meine ja andere Eltern, die die Alwine aufnehmen. – Aber sie hat ja auch ein paar Brüder! – Man kann sie auch, wenn sie lustig ist, zeichnen.

L: Die Renate hat was Wichtiges gesagt. Die Alwine sitzt bestimmt nicht so da den ganzen Tag auf dem Stuhl.

S: Aber ganz lustig wird's nimmer sein. – Richtig lustig kann's gar nimmer werden, wenn keine anderen Eltern kommen. – Sie denkt manchmal wieder an ihre Eltern.

L: Könntest du ein Bild malen von einem Kind, das die Eltern verloren hat?

S: Sie kann äußerlich ganz lustig sein, aber was sie innerlich denkt? – Oben so was drüber malen. – Sie kann vielleicht mit andern Kindern spielen, aber in Gedanken ist sie bei den Eltern. – Ich habe gesagt, man könnte oben drüber zeichnen und da ihre Gedanken rein zeichnen. – Man müßte da so ein Kreis machen. – Zeichnen kann man das schon, aber man weiß ja nicht ihre Gedanken, die sie grad hat.

L: Man weiß bloß: Das ist ein Mädchen, das hat ein Unglück erfahren, wahrscheinlich ist sie hin und wieder traurig.

S: Man könnte zeichnen, wie sie noch mit ihren Eltern zusammen ist. – Wir sind doch keine Hellseher. – Aber man könnte es wissen, wenn man sie im Heim ... wenn sie herkommen würde und wenn wir sie gezeichnet hätten und wir würden sie fragen, welche Gedanken sie gerade hatte.

L: Aber das finde ich zu neugierig.

S: Aber das wird sie dir nicht sagen, weil man spricht ja nicht über sein Leid. – Genauso wenn deine Eltern sterben täten, und die würden dich «an Schmarrn» fragen, würdest du auch nichts sagen oder?

L: Oft ist es so, daß Unglückliche nicht über ihr Unglück reden. Einen Unglücklichen kann man oft nicht ohne wei-

teres erkennen. So kann man es auch nur sinnbildlich darstellen, indem man solchen Menschen eine bestimmte Haltung gibt.
S: Man läßt den Kopf hängen.
L: Wir wollen jetzt von Alwine wegkommen. Es ist ja nicht einzig die Alwine auf der Welt, die unglücklich ist.
S: Es gibt viele tausend. – In Biafra zum Beispiel. – Da soll man jetzt Kleider, die man nicht mehr anzieht, spenden.
L: In München gibts keine Unglücklichen?
S: Doch die Blinden sind unglücklich, wenn sie nichts mehr sehen. – Geisteskranke sind auch traurig. (Es folgt ein Gespräch über Geisteskranke, wobei auch erwähnt wird, daß vor 30 Jahren die damalige Regierung Geisteskranke umbringen ließ.)
Vielleicht haben sie gemeint, sie erlösen die Geisteskranken? – Die haben gemeint, daß das gut ist, wenn sie das machen. –
L: Das hat man vorgeschoben.
S: Ich kenne ein Mädchen, das ist fünf Jahre und geisteskrank. Es will immer in die Isar springen. – Dann würd ich sagen: Spring doch!
L: Das ist genau die Haltung! Merkst du's?
S: Die will halt nicht mehr leben.
L: Bei diesem Mädchen ist aber so was nicht angebracht. Das darf man nicht sagen. Wenn's der Friedrich sagen würde, könntest du sagen: Spring ruhig hinein! weil du weißt, der redet bloß dummes Zeug. Der ist ja sonst ganz normal. Wenn du aber weißt, das Mädchen ist nicht normal, kannst du ihm so nicht gegenübertreten.
(Meinungswirrwarr.)
Es gibt heute viele tausend, die dringend einer Hilfe bedürfen. Die Versorgung und die Fürsorge für die mißgebildeten Kinder kostet den Staat und damit alle die, die Steuern zahlen, Millionen von Mark. Die Angehörigen können die Kosten allein nicht aufbringen.
S: Da haben sie letzthin wieder ein Heim eröffnet. Da ist so ein Bund für schwer . . .
L: Schwerbehinderte Kinder.

S: Was meinst, was die Geld brauchen, wenn die das Heim einrichten müssen mit Betten und Hobbyräumen, und die Leute müssen auch bezahlt werden.
L: Ganz recht. Das können die Eltern nicht zahlen, und man darf nicht sagen: Wenn sie's nicht zahlen können, sind sie selber schuld. Für diese Not müßte eigentlich jeder mitzahlen.
S: Sie haben gesagt, da müßten die anderen mitzahlen. Das ist genauso wie auf dem Bild. Die gehen vorbei, aber sie könnten ihm helfen. Da gehen Leute vorbei, ohne daß sie einmal daran denken. Das ist ein Beispiel wie auf dem Bild.
L: Ich glaube, mit dieser Gestalt hat der Maler alle die gemeint, die heute hilfsbedürftig sind.
Viele Hilfsbedürftige sind heute weggeräumt aus der Öffentlichkeit in Heimen, damit sie uns nicht im Weg sind. Wir sehen sie nicht. Es ist aber auch gut für diese Menschen, im Heim bekommen sie eine ganz andere Pflege.
S: Die Eltern von der Alwine sind gestorben, und jetzt kümmert sich keiner mehr, und es zahlt keiner das Heim! – Das ist der Staat. – Nein, das sind die Steuern, die Steuerzahler müssen's zahlen. – Der Staat kriegt ja das Geld. – Der Staat zahlt nicht so viel. Der zahlt vielleicht a bisserl was.
L: Ja. Die Verwaltung erhält die Steuern. Wer aber bestimmt dann, was die Altersheime oder die anderen Heime bekommen?
S: Der Staat. – Der Bürgermeister Vogel. – Der Bürgermeister verteilt mit seinen Gehilfen das Geld. – Der hat zwei Bürgermeister, und der eine sorgt auch für den Straßenbau. – Und für die U-Bahn. – Die ist wichtiger!
L: Siehst du, so fängt's an. Wie werden nun die Steuergelder richtig verteilt? Im Stadtrat heißt es: Das meiste Geld muß für die olympischen Spiele verwendet werden. Als zweites müssen die Verkehrsverhältnisse auf den modernsten Stand gebracht werden.
S: Die U-Bahn. – Auf den Fernsehturm muß noch eine Antenne rauf. – Für die Technik. –

L: Und für die Reklame muß gesorgt werden.
S: Und der Rest ist dann für die Armen.
L: Und durch diese «Zwangsausgaben» kann es geschehen, daß nicht genug Geld bleibt für die Krankenhäuser, Waisenhäuser oder auch Schulen.
S: Das geht aber nicht! Man braucht ja die Zimmer und die Betten für die Kranken (Sehr lebhafte Diskussion).
L: Da könnte man höchstens überlegen, ob man die Olympischen Spiele etwas weniger prächtig macht. (Unverständliches Geschrei dafür und dagegen.)
S: Was würden da die Leute schimpfen. – Und wenn die U-Bahn nicht gebaut würde. – (Mädchen:) Da würde ich die Olympischen Spiele ausfallen lassen und das Geld lieber den Armen geben. (Lauter Protest.) – (Bub:) Die sollten's dann woandershin legen. Nach Hannover! Aber nicht zu uns.
L: Damit hast du die Belastung bloß auf eine andere Stadt verschoben. Je prächtiger und je großartiger manche Dinge gemacht werden, desto armseliger sieht's dann bei anderen Aufgaben aus. Jede Stadt hat die Aufgabe sich um alle öffentlichen Belange zu kümmern. Eine Stadt kann nicht sagen: Wir kümmern uns nur noch um die alten Leute, alles andere ist uns egal. Auf die U-Bahn verzichten wir.
S: Und noch dazu haben die jetzt schon angefangen. Die können doch die Schächte nicht mehr zuschütten. – Die hätten halt auf die Olympiade verzichten sollen.
L: Das sagst du. Aber mach mal eine Abstimmung in München.
S: Da sind viele Leute dagegen.
L: Wir wollen jetzt abschließen. Aber das Bild hat uns doch auf vielerlei Gedanken gebracht. Das Bild, das wir da haben . . .
(Schüler fällt dem *L:* ins Wort)
S: . . . sind mehrere.
L: Genau. Mit diesem einen Bild sind viele Situationen gemeint. Und diese Situationen mußt du selber finden. Das Bild ist ein Aufruf dazu.

Ludwig Volz

Der arme Mann

Viertes Schuljahr

Vorbemerkungen:
Angeregt zu diesen Stunden wurde der Verfasser durch den Entwurf zu einem Religionsbüchlein für die Unterstufe von Hubertus Halbfas.[1] H. Halbfas schlägt vor, das Gedicht von Bert Brecht «Der Pauper» zu behandeln. Dieses Gedicht kann man sowohl mit Kindern des zweiten Schuljahres wie auch mit Kindern und Jugendlichen der Oberstufe besprechen. Die nachfolgenden Stunden wurden in einem vierten Schuljahr einer Stadtschule gehalten. Dreiundvierzig Buben und Mädchen sitzen zwei und zwei in drei Reihen wohlgeordnet vor dem Lehrer. Diese Sitzordnung regt nicht zum Gespräch an, und die Klasse kann, wie sich bald herausstellt, auch kein Gespräch führen. Die Kinder berücksichtigen selten, was der Mitschüler sagt. Jedes Kind will seine eigene Antwort auf die Frage des Lehrers geben. Da die Kinder lebhaft interessiert sind, kommen auf eine Frage des Lehrers immer zahlreiche Wortmeldungen. Auf das Mienenspiel des Lehrers reagieren sie gut. Dieses Mienenspiel ist zum Protokoll hinzuzudenken, da manche falsche und manche richtigen Antworten nicht durch Worte, sondern allein durch die Mimik des Lehrers ihre Bewertung finden. Es war nicht vorauszusehen, wieviel Zeit die Klasse zum Verständnis des Gedichts benötigen würde. Das Protokoll zeigt, daß wir uns in einer ersten Stunde um das Hauptanliegen des Gedichts mühten. In einer weiteren Stunde ließen wir uns zwar vom Gedicht anregen, gingen dann aber bewußt darüber hinaus und unterhielten uns über verschiedene Probleme, die das Gedicht aufwirft.

[1] H. Halbfas, Fundamentalkatechetik, Düsseldorf 1/1968.

Erste Stunde

L: Bevor wir beginnen, möchte ich gerne eure Namen kennenlernen. Holt bitte ein Stück Papier herauf und schreibt in großen Buchstaben euren Namen darauf, so daß ich ihn gut lesen kann . . .
Wir wollen beten:
Herr Jesus Christus! Mein Herr und mein Gott! – Ich danke dir für diesen neuen Tag und bitte dich um deinen Beistand. – Mach mein Herz frisch und klar, wie das Wasser einer Quelle. – Schenke mir einen weiten Blick für die anderen Menschen, die mir heute begegnen. – Gib mir eine große Liebe zu dir. Amen.
Ich bin sehr gespannt auf eure Klasse. Aber ich sehe, auch ihr seid gespannt. Ihr wollt erfahren, wie der ist, der euch heute eine Religionsstunde hält. Da muß ich euch etwas erzählen.
Als ich so alt war wie ihr, bekamen wir eines Tages einen neuen Lehrer. Wir hatten ihn am ersten Tag nur zwei Stunden, und wir waren begeistert. Als ich nach Hause kam, rief ich schon im Hausflur: «Wir haben einen neuen Lehrer, einen prima Lehrer.» Da kam meine ältere Schwester aus dem Wohnzimmer und sagte: «Schreie nicht zu früh, warte erst einmal ab!» Es vergingen einige Tage. Dann aber fragte mich meine Schwester ganz plötzlich: «Ihr habt doch einen neuen Lehrer, wie ist er?» Ich sagte darauf nichts. Inzwischen konnten wir nämlich den neuen Lehrer nicht mehr so gut leiden. Wir hielten ihn für ungerecht. Als ich so dastand und schwieg, wußte meine Schwester schon Bescheid, und sagte nur: «Na, siehst du?!» – Aus dieser Geschichte habe ich etwas lernen können.
S: Man soll nicht so vorlaut sein. – Man soll sich nicht zu früh freuen. – Man soll nicht so voreilig sein.
L: Vielleicht könnt ihr es noch deutlicher sagen.
S: Man soll warten, bis man weiß, wie er ist.
L: Das meine ich auch. Man muß sich einen Menschen erst richtig ansehen, um ihn kennenzulernen. –

In unserer Klasse war damals ein Bub, der hieß Rudi. Wir konnten ihn alle nicht leiden. Er hatte selten seine Hausaufgaben. Er sah immer so krank aus, war schwach und komisch angezogen. Wir spielten nicht mit ihm. Er saß allein in einer Bank. Eines Tages traf ich Rudi vor seiner Haustür. Er sagte: «Komm, wir spielen ein bißchen zusammen. Ich habe ein schönes Spiel!» Ich fragte ihn: «Ist deine Mutter zu Hause?» Da sagte Rudi: «Ich habe keine Mutter mehr. Droben ist nur die Oma, sie ist krank und sieht schlecht.» – Von diesem Tag an war es anders. Jetzt spielte ich manchmal mit Rudi, und auch meine Freunde spielten mit ihm. – Warum wohl?

S: Weil er keine Mutter mehr hat.

L: Was war mir aufgegangen?

S: Wie schrecklich es ist, wenn man keine Mutter mehr hat. – Daß Rudi gar nicht so ist, wie er aussieht. – Daß er nichts dazu kann.

L: Ja, ich hatte ihn viel zu wenig angeschaut und ihn deshalb auch nicht verstehen können. Ich wußte zu wenig von ihm. –

Wieder habe ich lernen können, wie wichtig es ist, einen Menschen richtig zu sehen, wenn man ihn verstehen und kennenlernen will. Draußen gibt es viele Menschen, die einander nicht verstehen, weil sie nicht richtig sehen können. Aber es gibt auch welche, die einen guten Blick für die anderen haben. Sie sehen mehr als die vielen. Zu diesen gehören die Dichter. Sie machen Gedichte und wollen uns darin das, was sie sehen, sagen. Sie wollen uns das Sehen lehren in ihren Gedichten. Ich habe euch heute ein solches Gedicht mitgebracht. Der Dichter heißt Bert Brecht. Ich will seinen Namen gleich unter das Gedicht schreiben. (Der Lehrer schlägt die Wandtafel auf, macht das Gedicht den Kindern sichtbar und schreibt den Namen des Dichters darunter.) – Lest das Gedicht einmal leise durch, dann will ich es euch vorlesen. (Nach einigen Sekunden liest der Lehrer vor:)

Der Pauper[2]

Der Himmel ist grau
Am Rinnstein entlang
Geht ein armer Mann.
Er verdient fast gar nichts.
Er kann nichts essen
Er hat kein Obdach
Er kann nicht gütig sein
Er friert wie ein Hund
Er ist nicht barmherzig
Er hat keine Freunde
Er hat löchrige Schuhe
Er ist krank
Er ist ein Verbrecher
Er verdient fast gar nichts
Er geht den Rinnstein entlang
Der Himmel ist grau.

Bert Brecht

(Nach kurzer Stille gibt der Lehrer einen Anstoß zum Gespräch.)
L: Was fällt euch auf?
S: Der Mann ist ein Räuber und verdient trotzdem nicht viel. – Er ist doch krank, da kann er doch nicht klauen. – Er ist ein armer Mann. – Jeder Satz fängt mit «Er» an.
L: Das ist auffallend. Zähl doch einmal die Zeilen, die mit «Er» beginnen.
S: Zwölf Zeilen – und es sind nur sechzehn Zeilen. – «Er» ist groß geschrieben, da fehlt ein Punkt.
L: Ein Punkt?
S: Da fehlen viele Punkte.
L: Ihr habt recht. Man darf nicht groß schreiben, wenn man vorher keinen Punkt macht. Wenn ihr das so machen

[2] Die Überschrift «Der Pauper» wird erst später angeschrieben, nachdem die Kinder selbst eine Überschrift gesucht haben.

würdet, würde euer Lehrer rote Striche darunter machen. Es wären lauter Fehler. Aber ein Dichter hat besondere Freiheiten. Er darf solche Dinge machen.

S: Manche Zeilen stehen zweimal da.

L: Lies sie uns vor.

S: «Der Himmel ist grau» – «Der Himmel ist grau»
«Am Rinnstein entlang» – «Er geht den Rinnstein entlang»
«Er verdient fast gar nichts» – «Er verdient fast gar nichts».

L: Wir wollen diese Zeilen alle mit einer Farbe unterstreichen. – Warum sagt der Dichter die Sätze zweimal? (Keine Antwort) Nun, was bedeutet das, wenn ich zum Beispiel zweimal zu euch sage: Aufpassen, ihr müßt jetzt gut aufpassen!?

S: Das ist etwas Wichtiges.

L: So kann es beim Dichter auch sein. – Lies noch einmal die wichtigen Zeilen:

S: «Der Himmel ist grau – Am Rinnstein entlang – Er verdient fast gar nichts».

L: Vorhin ist euch aufgefallen, daß der Mann ein Verbrecher ist. Aber zugleich ist einem aufgefallen, daß er «ein armer Mann» genannt wird. Findet ihr noch mehr Stellen, an denen man sehen kann, daß er ein armer Mann ist?

S: «Er verdient fast gar nichts» – «Er kann nichts essen».

L: Er kann nichts essen?

S: Weil er nichts hat. – Er bekommt nichts. – Weil er krank ist.

L: Andere Stellen.

S: «Er hat kein Obdach».

L: Das bedeutet?

S: Er hat kein Haus. – Er hat kein Zimmer. – «Er friert wie ein Hund» – «Er hat löchrige Schuhe» – «Er ist krank» – «Er hat keine Freunde».

L: Ist er deshalb arm?

S: Ja, seine Freunde können ihm nicht helfen. – Es gibt niemand, der ihm hilft.

L: Wir wollen auch diese Sätze mit einer Farbe unterstrei-

chen. Peter, zeig mir noch einmal die Sätze, die uns sagen, daß der Mann arm ist. (Peter kommt an die Tafel.)
L: Einige Zeilen haben wir jetzt noch nicht unterstrichen.
S: «Er ist ein Verbrecher».
L: Was tut der Mann wohl?
S: Er bettelt. – Nein, deshalb ist er kein Verbrecher. – Er sieht aus wie ein Verbrecher. – Er hat schon einmal gestohlen. – Die Leute wissen, er stiehlt.
L: Warum meint ihr, daß er stiehlt?
S: Weil er Hunger hat. – Weil er nichts zu essen hat. – Weil er kein Brot hat. – Weil er kein Haus und keine Freunde hat. – Er ist krank, braucht Essen, also bricht er ein.
L: Ihr meint also, daß er stiehlt, weil er in Not ist. Wo beginnt seine Not?
S: Er verdient fast gar nichts.
L: Das hat der Dichter zweimal geschrieben.
S: Weil es so wichtig ist.
L: Ich glaube, wir können den Mann jetzt schon besser verstehen. – Wir wollen auch diese Zeile «Er ist ein Verbrecher» mit einer Farbe unterstreichen. Gibt es noch eine Zeile, zu der diese Farbe paßt?
S: «Er kann nicht gütig sein!»
L: Das ist eigenartig.
S: Weil er ein Verbrecher ist. – Weil ihn die Menschen hassen.
L: Sieht man das im Gedicht?
S: Er hat zerrissene Kleider, löchrige Schuhe. – Er hat keine Freunde. – Niemand ist gut zu ihm. Er ist nicht gütig, weil niemand zu ihm gut ist.
L: Und die letzte Zeile?
S: Er ist auch nicht barmherzig, weil ihm niemand etwas gibt.
L: Wie ist es in seinem Leben?
S: Schlecht – Er friert wie ein Hund. – Er lebt auf der Straße. – Es ist grau. – Er ist traurig.
L: Steht das im Gedicht?
S: «Der Himmel ist grau».

L: Ja, auch das steht zweimal da.
S: Bei ihm ist der Himmel immer grau. – Er ist ganz arm.
L: Zwei Zeilen haben wir noch nicht viel beachtet.
S: «Am Rinnstein entlang» – «Er geht den Rinnstein entlang».
L: Warum das? (Keine Wortmeldung) Wo ist denn der Rinnstein?
S: Neben dem Trottoir.
L: Warum am Rinnstein entlang?
S: Die Leute werfen ihn vom Trottoir herunter. – Nein! – Er will die Leute nicht behindern. Er schämt sich: – Die Leute lachen ihn aus. – Vielleicht sucht er dort einen angebissenen Apfel. – Vielleicht sucht er Geld.
L: Wozu ist denn der Rinnstein da?
S: Für das Wasser.
L: Wozu noch?
S: Für den Dreck.
L: Das habt ihr alle schon beobachtet. Am Rinnstein sammelt sich der Dreck. Dort geht der Mann. Dort verläuft sein Weg. Ich will nicht mehr sagen. Ich meine, ihr ahnt schon, was die Zeile sagen will. – Unser Gedicht hat noch keine Überschrift. Wie könnten wir es nennen?
S: Am Rinnstein entlang. – Ein armer Mann.
L: Beide Überschriften wären gut. Der Dichter hat ihm die letztere gegeben. Er nennt das Gedicht «Der Pauper». Das ist lateinisch und heißt auf deutsch der arme Mann. (An die Tafel über das Gedicht: Der Pauper [arme Mann].) Nachdem wir jetzt den Mann viel besser kennengelernt haben, darf ich euch das Gedicht noch einmal vorlesen. (Das Gedicht wird noch einmal gelesen.)
Morgen komme ich wieder zu euch. Bitte, sagt eurem Lehrer, daß wir das Gedicht an der Tafel morgen noch einmal brauchen.

Zweite Stunde

L: Es ist schön, daß unser Gedicht noch an der Tafel steht.

S: Wir haben es dem Lehrer gesagt.
L: Wir wollen das Gedicht gleich noch einmal lesen und uns an alles erinnern, was wir gestern gefunden haben. (Das Gedicht wird gelesen.)
L: Als erstes habt ihr gestern zu Beginn der Stunde bemerkt, daß der Mann ein Verbrecher ist. «Räuber» hat die Elisabeth gesagt. Ihr habt sicher dabei gedacht, daß Verbrecher doch ins Gefängnis gehören. Mit Verbrechern will man nichts zu tun haben. – Am Ende der Stunde aber hattet ihr den Mann besser kennengelernt. Da habt ihr anders von ihm gedacht.
S: Man kann den Mann verstehen. – Er stiehlt, weil er gar nichts hat.– Er stiehlt, weil er krank ist und doch etwas zu essen braucht. – Er hat keine Freunde. – Und er verdient fast gar nichts.
L: Wir haben uns den Mann angeschaut und haben ihn verstehen gelernt. Wir könnten unser Gedicht jetzt auswischen. Ich will es aber noch nicht auswischen. Vielleicht möchte uns das Gedicht doch noch etwas sagen, was wir bis jetzt noch nicht bemerkt haben ... (Denkpause, danach werden Antworten angenommen.)
S: Das Gedicht will, daß wir für den Mann spenden. – Daß wir ihm gute Worte sagen –, ihm eine Freude machen.
L: Ihr meint also, wir müßten dem Mann helfen. Wir wollen uns das jetzt überlegen. Aber wir müssen vorsichtig sein, daß wir nicht Unmögliches zusammenphantasieren. – Wie ist da zu helfen?
S: Man muß ihm Kleider kaufen.
L: Was meint ihr zum Vorschlag der Marion?
S: Er braucht keine Kleider, man soll ihm zu essen geben. – Er friert aber wie ein Hund. – Man braucht keine Kleider zu kaufen, es geht auch etwas, das nicht mehr paßt. – Ich würde es auch so machen. – (Ein Bub:) Er braucht kein Kleid, er braucht einen Anzug, er ist doch ein Mann. – Ich würde ihm ein Kleid geben, das meinem Papa nicht mehr paßt. – Alte Kleider kann man ihm geben, die wenigstens warm sind. – Ein paar Lumpen (ruft Wolfgang, ein Kind aus asozialen Verhältnissen).

L: Überlegt doch bitte noch einmal, was manche von euch jetzt gesagt haben. Sie haben von abgetragenen und alten Kleidern gesprochen und sogar von Lumpen, die sie geben wollen.

S: Das ist nicht recht. – Der Mann ist mehr wert.

L: Wißt ihr, meine Mutter hat immer gesagt: «Lumpen gehören zum Lumpensammler».

S: (Ein Mädchen entrüstet:) Der Mann ist genausoviel wert wie wir.

L: Da fällt mir etwas ein. In dem Evangelium, das ihr kürzlich besprochen habt, steht ein Gebot Gottes, das ähnliches sagt.

S: «Du sollst deinen Nächsten lieben wie dich selbst.»

L: Wir wollen uns das zu unserem Gedicht an die Tafel schreiben, damit wir es nicht vergessen bei unseren Überlegungen. – Suchen wir weiter.

S: Er braucht ein Obdach. – Er braucht ein Zimmer. – Man soll ihn in ein Heim stecken. – Man muß ihm eine alte Holzhütte geben.

L: Wolfgang, phantasierst du nicht ein bißchen. Wir haben doch hier mitten in der Stadt keine Holzhütte für den Mann.

S: (Wolfgang:) Doch draußen im «Neuland» (Stadtteil am Stadtrand) wohnen die Leute in so Holzhütten. – Ja, in Baracken.

L: Und du meinst nun, das wäre der rechte Platz für den Mann? (Heftiger Protest der andern Kinder, die erklären, daß die Baracken alt und schlecht sind.)

S: Er braucht auch etwas zu essen, und er braucht Schuhe. – Er braucht Medizin, er ist doch krank. – Er braucht einen Arzt.

L: Ihr habt nun allerhand aufgezählt. Es ist viel zu tun. Und doch frage ich mich, ob es schon genug ist. Wird der Mann jetzt zufrieden sein? Ist ihm schon wirklich geholfen, wenn wir ihm alle diese Dinge einfach geben, die ihr jetzt genannt habt? . . .

Schaut doch noch einmal den Mann genau an hier im Gedicht.

S: Man muß ihn auf eine Schule schicken, damit er einen Beruf erlernt.
L: Das ist keine schlechte Idee. Du bist auf der richtigen Spur. Aber das Gedicht sagt nicht, daß er nicht in der Schule war und keinen Beruf gelernt hat.
S: Man muß ihm Arbeit geben.
L: Warum sagt das der Helmut?
S: Man muß ihm Arbeit geben, damit er Geld verdienen kann – damit er sich eine Wohnung mieten kann und so satt leben kann wie wir. – Er verdient fast gar nichts.
L: Daß da die Not beginnt, haben wir gestern schon festgestellt. «Er verdient fast gar nichts». Der Dichter sagt es zweimal. Hier beginnt das Übel, das man abschaffen muß. Jeder Mann muß doch so viel verdienen, daß er mit seiner Frau und mit seinen Kindern ordentlich leben kann. Ihr begegnet draußen auf unseren Straßen, zum Beispiel an Baustellen, genug Männern, die weit weg von ihren Familien leben müssen, weil sie daheim in ihrem eigenen Land nicht genug verdienen können. An welche Männer denke ich da?
S: An die Italiener, die bei uns arbeiten. – Auch Griechen – Spanier – In unserer Werkstatt arbeiten Türken. – Die Gastarbeiter.
L: Das ist nicht einfach, so weit weg von der Frau und den Kindern zu sein in einem fremden Land, nur um Geld zu verdienen. Ihr versteht diese Männer jetzt besser ... Aber vielleicht findet ihr noch etwas. In der letzten Stunde hat eine von euch gesagt, daß die Leute den Mann hassen. Warum hat sie das gesagt?
S: Sie hassen ihn, weil er stiehlt. – Weil er zerrissene Kleider hat und löchrige Schuhe.
L: Und nun?
S: Man muß gut zu ihm sein, damit er auch gütig sein kann. – Er braucht Leute, die gut zu ihm sind, damit er nicht einsam ist. Er braucht Freunde, damit er zu jemand gehen kann – damit er abends ausgehen kann. – Man muß sich zu ihm setzen – damit er nicht mehr am Rinnstein entlang gehen muß. – Dann wird der Himmel blau.

L: Der Himmel wird blau?
S: Er hat jetzt ein schöneres Leben. – Er hat wieder Arbeit. – Er geht auf dem Trottoir. – Er verdient viel. – Er kann essen. – Er kann gütig sein. – Er friert nicht wie ein Hund. – Er ist gesund und hat Freunde, die gut zu ihm sind. – Er braucht nicht mehr einbrechen, um zu essen. – Und er geht zur Beichte. – Er ist kein Verbrecher mehr.
L: Jetzt dürft ihr das Gedicht noch ins Heft schreiben.
(Die Kinder schreiben bis zum Ende der Stunde.)

Nachbemerkungen

1. Manche Lehrer sind empört über die Behandlung dieses Textes in der Grundschule. Sie meinen, daß damit jeglicher Landstreicher und Verbrecher gerechtfertigt wird oder daß der Pauper eine Gestalt der Vergangenheit ist und auf unseren Straßen nicht mehr existiert. Es werden zwei Fehler gemacht.
Einmal wird identifiziert, wo nicht zu identifizieren ist. Mit dem Pauper ist genau dieser Pauper und nicht jeglicher Landstreicher und Verbrecher gemeint. Wir sind ständig in Gefahr zu schablonisieren. Das erleichtert uns die Bewältigung der Welt. Es enthebt uns scheinbar der Pflicht, genauer hinzusehen und hinzuhören. Wir ordnen ein und wissen damit Bescheid. Das Gedicht aber will uns lehren, genauer hinzusehen. Es bringt uns auf den Gedanken, daß der andere offenbar doch nicht so leicht einzuordnen ist; daß ich mich ihm widmen muß, wenn ich ihm gerecht werden will.
Zweitens wird übersehen, daß die Probleme des Pauper durchaus in unserer Welt existent sind. Kinder eines zweiten Schuljahres entdeckten, daß die Probleme des Pauper verwandt sind mit den Problemen des Außenseiters der Klasse. Berufsschüler stellten fest, daß die Probleme des Pauper die Probleme der Entwicklungsländer beleuchten und ebenso unser Verhalten diesen Ländern gegenüber. «Das Gedicht will, daß wir für den Mann

spenden», sagte das Kind. Das tun wir auch in «Adveniat» und «Misereor». Aber die Kinder erkannten, daß das Spenden zwar gut ist, aber die Wurzel des Übels nicht trifft. Auch in den Entwicklungsländern liegt die Wurzel des Übels dort, wo es heißt: Er verdient fast gar nichts. So können Gedichte ganze Welten erschließen.

2. Je größer die Qualität des Gedichtes ist, um so mehr ist es geeignet, Wirklichkeit zu eröffnen. Das hängt zunächst mit der Person des Dichters zusammen. Der Dichter ist ein Sehender. «Er geht nicht viel anders als andere Sterbliche durch die Welt. Doch begegnen ihm auf Schritt und Tritt schon in dem gewohnten Alltag, ohne daß sich dieser im geringsten veränderte, Strukturen, Bilder, Konfigurationen, Konstellationen von wunderbarer Art und tiefer Richtigkeit. Wo für den anderen da nur Dinge, Personen, Zustände, Begebenheiten und Vorgänge sind, nimmt der Dichter auf seinem Lebensweg Gebilde, Gestalten, Situationen, Ereignisse und mannigfaltigste Weisen des Geschehens wahr: eine unerschöpfliche Fülle von lebendigen Konstituentien der Natur und des Menschenslebens, der Seele und des Denkens, des Handelns, Leidens des übermächtigen Geschehens.»[3] Was der Dichter ent-deckt, das will er mitteilen. Er will uns am Sehen teilnehmen lassen, indem er uns das Geschaute sagt. Dazu steht ihm eine eigene Sprache zur Verfügung. Wenn die Sprache der Wissenschaft ein Ding möglichst exakt, präzise, genau begrenzt bezeichnet, so müht sich der Dichter um eine ganz andere Qualität seiner Worte. Er möchte die Dinge möglichst komplex erfassen. Dem Hörer soll vom Ganzen her Einsicht werden in das Wesen und Walten der Dinge. «Das Mittel auf diesem Weg der Dichtung ist nicht der Begriff, sondern das Gleichnis, Bild. Die Absicht: nicht das Bezeichnen, sondern das Bedeuten. Die Genauigkeit, die auch das dichterische Wort verlangt: nicht Eindeutigkeit, Exaktheit (akribeia), sondern adäquat gestufte Deutlichkeit (sapheneia). Der Gegenstand: nicht das ‹Objekt›, sondern das Gegenüber, in dem, auch wenn es Ding ist, die ‹Macht› empfunden wird.

Das Organ: nicht der gegen alle Redundanzen abgeschirmte Intellekt, sondern der ganze Mensch mit seinem Wahrnehmen, Fühlen, Erfahren.»[3] Das Wort des Dichters ist geeignet, die Einsicht zu gewähren, die notwendig ist, den Ruf der Dinge zu vernehmen. Das Wort des Dichters spricht den ganzen Menschen an, und das ist doch von besonderem Wert in unserer Zeit des Spezialisierens.

3. Behandeln wir Gedichte im Religionsunterricht, haben unsere Kinder noch einen großen Nebengewinn. Sie lernen diese Sprache hören und erfassen. Natürlich wäre das Aufgabe des Deutschunterrichts. Aber gerade der Deutschunterricht hat es schwer in der Grundschule. Bis Lesen und Schreiben und Rechtschreiben genug geübt sind, bleibt für die Dichtung wenig Zeit.

4. Weitere Texte für den Unterricht über Lebensfragen in der Grundschule finden sich in dem oben genannten Entwurf von Hubertus Halbfas. Für die Oberstufe aber gibt das Buch «Unterricht über Lebensfragen» von Günter Stachel Anregungen.[4]

[3] Wolfgang Schadewaldt, in : Sprache und Wirklichkeit, Deutscher Taschenbuchverlag, München 1967, S. 92 f.

[4] Zürich 1969.

Ludwig Volz

Ist das Religionsunterricht?

Die Frage, ob das bisher in diesem Band Behandelte überhaupt zum Religionsunterricht gehört, muß von zwei Seiten gestellt werden. Der Religionspädagoge muß sie stellen, denn in den vorausgehenden Unterrichtsbeispielen und Anregungen war fast nie ausdrücklich von Gott die Rede. Es muß sie aber auch der Grundschulpädagoge stellen. Er kann fragen, ob diese Probleme nicht Themen des Sachunterrichts, des Sozialkundeunterrichts oder des lebenskundlichen Unterrichts sind. Wir müssen zunächst auf die Frage des Religionspädagogen eingehen, dann wird es uns leichter fallen, die Frage des Grundschulpädagogen zu beantworten.

Wo bleibt Gott in diesem Unterricht?

1. In der biblischen Grundlegung haben wir festgestellt, daß die Grundstimmung unseres Handelns gemäß dem Evangelium die Liebe sein muß. «Unser Herz ist gefordert», haben wir nach der Formulierung von E. Schweizer gesagt. Auch die pädagogische Grundlegung forderte, daß das Verhältnis des Menschen zur «Welt» von Sachlichkeit und Mitmenschlichkeit getragen sein muß, was wiederum Verdeutlichungen des Begriffes Liebe sind. Durch die Benennung der Grundstimmung ist allerdings inhaltlich noch nichts gesagt. Der Inhalt dessen, was nun gut ist für das Sein der Dinge, Lebewesen und Mitmenschen kann immer nur in der konkreten Situation benannt werden. Tausenderlei Dinge können in der konkreten Situation gut sein. Zum Beispiel kann es gut sein, den Garten zu gießen, das Kind zu füttern, auf Bier zu verzichten, sich an die Arbeit zu machen, einen Kranken zu diesem

Zeitpunkt nicht zu besuchen, ein anderes Kind mitspielen zu lassen, eine Flasche Wein mit einem Freund zu trinken ... Der Name Gottes wird nicht genannt, und doch steht er hinter all diesem Handeln. Ich brauche ja nur die letzte Frage zu stellen: Worin wurzelt all dieses Tun des Guten? Was steht dahinter? Dann muß ich sagen: die Liebe. «Ich weiß noch wohl die Stelle, wo mir eines frühen Morgens das so einfache und doch so Verborgen-Feine aufging: Wenn ich sagte: ‹Die Liebe› ... Und diese Liebe nun vollendete sich; würde voll, nach Kraft, nach Reinheit, nach Fülle und Dauer und Tiefe und Gegenstand. Und nun, absolut erfüllt und vollendet, träte diese Liebe seiend in sich; würde ein Wesen; würde die wesende Liebe selbst – was wäre das? Der lebendige Gott! ... mit einem Wort: ‹Das Gute›, in seiner Unendlichkeit und lauteren Einfachheit – das ist Gottes lebendige Heiligkeit, und nichts sonst. Um das Gute wissen, bedeutet also im letzten: Um Gott wissen. Und die Forderung des Guten vernehmen, bedeutet im letzten: Die Forderung des heiligen Gottes vernehmen.»[1]

Gott ruft mich an durch die Kreatur. Er ruft mich auf, seiner Kreatur die Liebe angedeihen zu lassen, in der er sie erschaffen hat. Er ruft mich zur Liebe an der Kreatur, die er in Liebe erlöst hat. Es gereicht dem liebenden Schöpfer zur höchsten Ehre, wenn ich mich des Seins der Dinge annehme, sie in ihrem Bestand bewahre, sie hüte, sie freigebe in die Fülle ihres Seins, sie in die Fülle ihres Seins bringe. Nach dem Evangelium handeln heißt nicht, immer an Gott denken, bei jedem Tun seinen Namen im Munde führen, den Blick ständig auf ihn zu richten. In der Perikope vom Gericht (Mt 25,31 ff) hören die Gerechten mit Erstaunen, daß ihr Handeln am Kranken, am Hungernden etwas mit Gott zu tun hatte. «Herr, wann hätten wir dich hungrig gesehen und dich gespeist, oder durstig und dich getränkt. Wann hätten wir dich als Fremdling

[1] Romano Guardini, Das Gute, das Gewissen und die Sammlung, Mainz 5/1962, S. 35.

gefunden und dich aufgenommen, oder nackt und dir Kleider gegeben? Wann sahen wir dich krank oder im Gefängnis und kamen zu dir? Da wird ihnen der König zur Antwort geben: Wahrlich ich sage euch, jedesmal wenn ihr es an einem von diesen meinen geringsten Brüdern getan habt, habt ihr es an mir getan.» «Der Anspruch des Seienden ist immer auch Anspruch Gottes, und der Anspruch Gottes trifft uns zuerst als der Anspruch des Seienden, vor allem des Du. Dabei muß der Anspruch der Weltwirklichkeit, der Anspruch des Nächsten durchaus in seinem Eigenrecht gesehen werden. Er verschwindet nicht im Anspruch Gottes.»[2]

Es ist pädagogisch gefährlich, immer mit Gott zu kommen und alles als Wille Gottes zu deklarieren. Man sollte nicht jede selbstverständliche gute Tat mit dem Blick auf Gott begründen wollen. Erstens wissen wir nie so genau, was Gott in der konkreten Situation will. Zweitens besteht die Gefahr, daß kurzschlüssig auf Gott hin gehandelt wird und das Eigenrecht des Anspruchs des Nächsten und seine Person übersehen wird. Drittens aber wird dadurch das Selbstverständliche unseres Tuns in Frage gestellt. Es sollte nicht besonders hervorgehoben werden, wenn wir aus Liebe gehandelt haben. Wir sollten uns nicht besonders gut vorkommen, wenn wir wieder ein gutes Werk vollbracht haben und Gott damit einen Dienst getan haben. Manchmal verblüfft doch die Selbstverständlichkeit, mit der oft Menschen, die sich nicht zum Glauben bekennen, selbstlose Hilfe spenden. Diese Selbstverständlichkeit imponiert heute dem Menschen. Wir sollten ganz selbstverständlich in diesem Verhältnis leben, wie auch Gott ganz selbstverständlich immer der Liebende ist. Wir sollten nicht immer versuchen, Kapital daraus zu schlagen, wenn wir dem Bruder in Liebe begegnen. Es genügt doch, wenn uns der Herr am Ende sagen wird, daß das, was wir dem Bruder getan, ihm getan war.

[2] Ludwig Kerstiens, Der gebildete Mensch, Freiburg 1966, S. 70.

Ein Gedanke Günter Stachels sei hier angefügt, den er in seinem Buch «Unterricht über Lebensfragen» äußert: «Immer wenn es möglich ist, das Leben selbst zu Wort kommen zu lassen, immer wenn bereits unsere gemeinsame Einsicht weiterhilft, wird auf religiöse Motivation verzichtet. Wenn in der Stunde Gott nicht genannt wird, wenn die Schüler nicht einmal merken, daß sie jetzt eine ‹Religions›-Stunde haben, was soll das schaden, wenn nur die Sache verstanden wird, um die es geht! Wir wünschen ja wohl, daß unsere Schüler auch dann noch sittlich handeln, wenn sie in Glaubensschwierigkeiten kommen, den Kontakt zur Kirche verlieren, zu beten aufhören, vielleicht sogar aus der Kirche austreten. Wer die in der Situation sich anmeldende Unausweichlichkeit, sich zu entscheiden, realisiert, wer sich für das Gute entscheidet, hat unabhängig von seinem ‹Bekenntnis› eine Nähe zu Gott.»[3]
So ist also in diesen Stunden von Gott die Rede, obwohl er nicht ausdrücklich genannt wird. Wenn wir versuchen, in das Verhältnis der Liebe, der Grundstimmung unseres Handelns einzudringen, kommen wir dem Auftrag des Herrn nach, vollkommen zu werden, «wie unser himmlischer Vater vollkommen ist.»

2. Aber der Bezug zum Glauben und damit zum Religionsunterricht ist noch enger. Den Ruf des andern kann ich nur hören, wenn ich ihm Vertrauen schenke. Wo kein Vertrauen ist, bleiben die Dinge stumm. Ohne Vertrauen zum andern kommt es zu keinem Dialog. Ich kann nicht bei dem andern sein, wenn ich ihm nicht irgendwie vertraue. Erst das Vertrauen zur «wirkenden Welt» (M. Buber) läßt mich innewerden, was zu tun ist. «Nur von dem, welchem ich vertraue, lasse ich mir etwas sagen. Mißtrauen scheidet von jenem in das menschliche Sein und menschliches Entsprechen hervorrufenden Anspruch.»[4] Wissen von andern ist zu wenig. Das Wissen

[3] a.a.O., S. 62.
[4] Klaus Schaller, Der Gebildete heute, Bochum 1962, S. 84.

vom andern ist noch weit entfernt von vertrauensvoller Hingabe, ohne die ich aber das andere nie vernehmen werde, ohne die mir nie «Einsicht» wird.
Nun ist es eine alte Weisheit, daß Vertrauen schenken nur in dem Maße gelingt, als einer selbst Vertrauen hat und sich gehalten weiß. Sich von Gott gehalten wissen, nennen wir Glaube. Das Glück des gläubigen Menschen ist seine Hoffnung auf Gott, der ihm letzte Stütze ist. Das zeigt sich in höchstem Maße an Jesus Christus. Er muß nicht an sich halten, weil er sich gehalten weiß. Er kann sich «entäußern» und sich verschwenden, sich den anderen Menschen anvertrauen, sich ihnen vertrauensvoll zuwenden und seinen Weg nach Jerusalem gehen, weil er im Glauben an den Vater gründet. Wir können also die Liebe des Christen als eine Liebe bezeichnen, die nicht nur im Vertrauen auf die eigene Kraft, im Vertrauen auf eine große Vergangenheit, im Vertrauen auf eine bessere Zukunft, im Vertrauen auf eine Gemeinde von Brüdern, sondern auch und letztlich im Glauben auf Gott ruht. Das unterscheidet sie von der Liebe, Sachlichkeit und Mitmenschlichkeit des Ungläubigen, die oft großartig ist, aber schmerzlich diese letze Geborgenheit missen muß. Pestalozzi würde diese Liebe des an Gott Glaubenden einfach «gläubige Liebe» nennen, wobei mit dem Adjektiv «gläubig» ausgedrückt werden soll, daß es um eine Liebe geht, die im Glauben verankert ist. In welchem Glauben?
a) Sie gründet im Glauben an den Schöpfergott, der über mir steht und der die «einzige Stütze ist, die dem ungeheuren Bedürfnis des Menschen nach Sicherheit angemessen ist».[5] Gott hat mir in Liebe Verantwortung übertragen. Er ruft mich ständig auf, seine in Liebe geschaffene Kreatur zu verantworten. Er wird mich zur letzten Verantwortung ziehen. Auch die am andern nicht in Liebe gehandelt haben, werden erfahren: «Wahrlich, ich sage euch, jedesmal, wenn ihr es nicht getan habt an einem von diesen Geringsten, habt ihr es auch an mir nicht ge-

[5] Paul Tournier, Geborgenheit, Sehnsucht des Menschen, Zürich 1969, S. 266.

tan» (Mt 25,45). Gott macht sich zum Anwalt all derer, die nach mir gerufen haben. Das gibt dem verantwortungsbewußten sittlichen Verhalten des Christen den Ernst und die Unabdingbarkeit.

b) Sie gründet im Glauben an Jesus Christus, in dem mir die Liebe des Vaters sichtbar geworden ist. Er ist mir den Weg zum Vater vorangegangen und hat mir dadurch den Weg gezeigt. Sein Weg ist ein Weg des Vertrauens und der Liebe. Das Wissen um die Geborgenheit bei Gott, die er mir verkündet, macht mir die Hand frei zu einem Leben der Liebe, wenn notwendig bis zur Liebe, die ihr Leben hingibt für die Brüder. Er hat mich zur Auferstehung berufen und mit mir meine Brüder und Schwestern. Dadurch bekommen die Mitmenschen unendlichen Wert.

c) Sie gründet im Glauben an die Geistbegabung. Der Geist befähigt mich zur Freiheit der Kinder Gottes und befreit mich als Geist Christi vom erdrückenden Joch des Gesetzes.

d) Sie gründet schließlich im Glauben an die Zukunft, die Gott mir eröffnet. Dieser Glaube bewahrt mich vor jeglicher Torschlußpanik in dieser Welt und gibt mir die Gelassenheit und den Mut, mich der Zukunft dieser Erde zu widmen und frei und verantwortungsbewußt die Zukunft zu gestalten. Das Wissen um die Zukunft wird den Christen nicht die Hände in den Schoß legen lassen, um diese Welt als notwendiges Übel zu ertragen bis zu dieser besseren jenseitigen Zukunft, sondern er begreift sie als Rückhalt und damit als Aufforderung dem Ruf Gottes an seinen Geschöpfen, an der Welt, frei nachkommen zu können.[6]

3. Wie aber geht dem Kind die geistige Grundrichtung «gläubiger Liebe» auf? Wie wird sie ihm erschlossen und liebenswert?

[6] Vgl.: R. Schnackenburg, Die neutestamentliche Sittenlehre in ihrer Eigenart im Vergleich zu einer natürlichen Ethik. In: Die christliche Existenz nach dem Neuen Testament, München 1967, Band I.

Gläubige Liebe kann nur da aufgehen, wo der Glaube verkündet wird. Hand in Hand mit dem Unterricht über Lebensfragen muß deshalb die Glaubensverkündigung gehen, ob in der Schule oder außerhalb.
Im übrigen aber gelten die Gesetze, die die allgemeine Didaktik für die Erschließung der fundamentalen Grundrichtungen aufgestellt hat.[7] Hier wäre zu nennen:
a) Bei allen Übungen und Untersuchungen zur sittlichen Elementarbildung und Lebensgestaltung, wie sie bisher in diesem Bändchen vorgeschlagen werden, wird etwas von der Grundrichtung der Sachlichkeit, der Mitmenschlichkeit, der Liebe, der gläubigen Liebe sichtbar werden. Immer war ja diese Grundstimmung führend bei der Suche des Weges, wenn auch nicht ausdrücklich davon die Rede war. Selbst wenn wir Ungläubige vor uns hätten, wären unsere Stunden nicht umsonst, weil sie auch dann das Handeln im Geist der Liebe verdeutlichten.
b) Der Geist der Grundrichtung muß durch den Erzieher vergegenwärtigt werden. Er muß im Erzieher lebendig sein. Der Erzieher kann nicht eine Geisteshaltung vermitteln wollen, die er selbst nicht lebt. Sein Verhalten gegen jeden Schüler muß von Liebe getragen werden. Dazu hat Klemens Tilmann einige praktische Hinweise zur Besinnung für den Erzieher zusammengestellt.[8] Nicht Laune und Willkür dürfen das Verhältnis des Lehrers zu den Dingen bestimmen, sondern Sachgemäßheit und Sachlichkeit. Natürlich sind wir Erzieher durch diese Forderung ständig überfordert.
c) Verdeutlicht wird der Geist gläubiger Liebe vor allem durch die Heilige Schrift; durch die Gleichniserzählungen, vom barmherzigen Samariter angefangen über das Gleichnis vom barmherzigen Knecht bis zum Gleichnis von den Talenten; durch die Sprüche und Reden des Herrn, von der Bergpredigt bis zu den Gerichtsreden; nicht zuletzt auch durch die Briefe der Apostel. Die biblischen

[7] W. Klafki, Das päd. Problem des Elementaren, Weinheim 4/1964, S. 335.
[8] Vgl. den entsprechenden Beitrag, S. 196.

Perikopen im Grundschulunterricht wären danach auszuwählen. Für diese Stunden gelten die Gesetze der Bibelkatechese. Es wird so der Zusammenhang zwischen dem Bibelunterricht und dem Unterricht über Lebensfragen sichtbar.

d) Besondere Bedeutung kommt schließlich der Begegnung mit dem «Klassischen» zu. Mit dem «Klassischen» meinen wir in diesem Zusammenhang Leben und Werk großer Persönlichkeiten, an denen dieser Geist in vollendeter Form sichtbar wird.

Hier wäre zunächst Leben und Werk des Herrn zu nennen, der und das uns zur Nachfolge auffordert. Dabei ist zu beachten, daß – wie Fröbel schon sagte – «das anerkannt vollendetste Musterleben nur seinem Wesen, seinem Streben, nie aber seiner Form nach Muster» wird. Genau darauf kommt es den Evangelien an.

Nach dem Leben des Herrn sind aber auch Leben und Werk derer zu nennen, die Christus bewußt oder unbewußt nachgefolgt sind. Das Leben und Wirken der Heiligen muß im Religionsunterricht der Grundschule wieder mehr in den Vordergrund rücken.[9]

Das Beispiel verstorbener und lebender Menschen in ihrem Einsatz für den Frieden, für Gerechtigkeit, für das Glück und Heil der Mitmenschen, Zeugnisse der Tapferkeit und der Wahrhaftigkeit, der Treue und der Barmherzigkeit werden die Grundrichtung verdeutlichen und nachahmenswert erscheinen lassen. Die Beispiele sind allerdings sorgfältig auszuwählen. Es ist zu fragen, ob sie noch zeitgerecht sind. Es gibt Taten großer Männer und Frauen, die in ihrer Zeit beispielhaft waren, dem Grundschulkind von heute aber die Grundrichtung nicht verdeutlichen können, da es zu wenig geübt ist in geschichtlichem Denken.

[9] Vgl. den entsprechenden Beitrag von Christian Hübener in diesem Band, S. 177.

Sind das nicht Themen des Sachunterrichts?

Selbstverständlich kann ein Teil dieser Übungen und Untersuchungen zur sittlichen Elementarbildung vom Sachunterricht oder einem lebenskundlichen Unterricht übernommen werden. Voraussetzung wäre, daß der Erzieher, der diesen Unterricht erteilt, ebenfalls Sachlichkeit, Mitmenschlichkeit, Liebe als geistige Grundhaltung im Verhältnis des Menschen zur «Welt» anerkennt und lebt. Lassen wir dazu den Pädagogen zu Wort kommen: «Nur der kann den jungen Menschen in die ‹Stimmung› des Vertrauens, in die ‹Stimmung› der Liebe einfügen, der selbst vertraut, der selbst liebt. Der vertrauende Erzieher ‹stimmt› das Kind ins Vertrauen zur Welt und ins Vernehmen des aus der Welt an es gerichteten An-Spruchs auf Wahrung der Welt, ihrer Wesen, ihrer Sachen und der Mitmenschen.»[10] Für den Religionsunterricht bleibt dann noch genug zu tun, um diese «Stimmung» der Liebe aus der Schrift und aus dem Bereich des «Klassischen» zu verdeutlichen, wie oben beschrieben. Eine enge Zusammenarbeit wäre natürlich notwendig, damit nicht zweigleisig gefahren wird. Am besten wäre es, wenn der Sachunterricht und der Religionsunterricht in einer Hand wären. Möglichst sollte der Klassenlehrer diesen Unterricht erteilen, da er die für den Unterricht über Lebensfragen relevanten Situationen in der Klasse am besten kennt und miterlebt. Ein in Zukunft curricular ausgerichteter Unterricht könnte jedem Fach die entsprechenden Elemente zuordnen.

Bislang aber existiert ein solcher Sachunterricht oder lebenskundlicher Unterricht nach meinen Erfahrungen fast noch nicht oder zum mindesten nur auf Plänen und in Büchern.[11] So leistet der Religionsunterricht der Gesellschaft einen guten Dienst, wenn er sich noch weiterhin um diese Problemstellung müht.

[10] Klaus Schaller, Der Gebildete heute, Bochum 1962, S. 84.

[11] Vgl. z.B. R. Rabenstein – F. Haas, Erfolgreicher Unterricht durch Darstellungseinheiten, Bad Heilbrunn 2/1970.

Zusammenfassend können wir für den Unterricht über Lebensfragen im Religionsunterricht der Grundschule feststellen:

1. Der Unterricht muß Hand in Hand gehen mit dem Glaubensunterricht.
2. Er erschließt die Wirklichkeit in ihrem Anspruchscharakter und besteht aus Untersuchungen gelebten Lebens, vor allem des Schullebens, aus Stunden der Begegnung mit entsprechenden Texten der Heiligen Schrift und aus Unterricht aus dem Bereich des «Klassischen», dem die Heiligenleben und beispielhaftes Handeln verstorbener oder lebender Menschen zugehören.
3. Teile des Unterrichts können vom Sachunterricht oder einem lebenskundlichen Unterricht, unter den oben genannten Bedingungen, übernommen werden.
4. Der Unterricht über Lebensfragen kann niemals auf ein Schuljahr beschränkt oder konzentriert werden und in Form eines moralischen Traktates dargeboten werden. Will er wirksam sein, muß er kontinuierlich über vier Schuljahre, den jeweiligen Lebensproblemen und -situationen angemessen, gehalten werden.
5. Auf Einübung des im Unterricht Besprochenen ist größter Wert zu legen.

Ludwig Volz

Und die Zehn Gebote?

Seit der Einführung der neuen Glaubensbücher für das zweite, dritte und vierte Schuljahr im Jahre 1963 werden in der Bundesrepublik im Religionsunterricht der Grundschule die Zehn Gebote nicht mehr durchgenommen. Die Begründung dafür hat Klemens Tilmann in der «Einführung in die neuen Glaubensbücher»[1] gegeben. Nun haben die Zehn Gebote aber doch in der Kirche und bei der Erziehung der älteren Generation eine große Rolle gespielt. Man kann sie nicht übergehen, und es wäre auch nicht sinnvoll, sie einfach zu unterschlagen. Sie sollten aber nicht zum Gegenstand eines eigenen Sittenunterrichts gemacht werden, sondern im Bibelunterricht in ihrem ursprünglichen Zusammenhang (Mosesgeschichte) behandelt werden. Allerdings ist die Grundschule dafür nicht der geeignete Platz. Im siebten Schuljahr wäre es sinnvoller. Es sollte dort gezeigt werden, daß die Zehn Gebote fundamentale Ansprüche Gottes und der Mitmenschen verdeutlichen. In ihnen werden wichtige Forderungen der Liebe laut, die die Kinder in der Grundschule schon längst an der Untersuchung gelebter Situationen im Schulleben erkannt haben. Man kann den Schülern zeigen, wie die einzelnen Gebote den Ruf und den Anspruch des Mitmenschen aufgreifen. Etwa so: In einem Geschäft mit neun Angestellten fehlt eines Tages Geld in der Kasse. Zunächst wird angenommen, daß sich ein Angestellter beim Herausgeben geirrt hat. Aber einige Tage später fehlt wieder Geld und wieder und wieder. Man beginnt sich gegenseitig zu verdächtigen. Besonders hat die zuletzt Eingestellte darunter zu leiden. Sie merkt, daß man heimlich ihre Tasche überwacht. Das Klima wird immer unerträglicher. Ein jeder wünscht sich vom andern und

[1] Hubert Fischer, Einführung in die neuen Glaubensbücher für das 2., 3. und 4. Schuljahr, Freiburg 1963.

ruft es ihm leise zu: «Stiehl doch nicht, stiehl doch nicht, damit wir wieder einander vertrauen können!» Genau diesen Ruf aber greift das siebte Gebot des Dekalogs auf. Nun ist aber gestohlen worden, und der Täter muß gefunden werden. Da wünscht sich wieder jeder und ruft es leise: «Gestehe deine Tat ein, lüg nicht, damit nicht Unschuldige weiter verdächtigt werden!»[2] Wiederum nimmt sich der Dekalog im achten Gebot dieser geplagten Menschen an und fordert, daß keiner «falsches Zeugnis» geben soll. So werden diese Gebote Gottes als Hilfe und Schutz für den Menschen gesehen.
In diesem Kontext schaffen die Zehn Gebote keine falschen Vorstellungen vom Willen Gottes und der Welt. Jegliche Gebotstafel ist ja geeignet, falsche Vorstellungen wachzurufen, etwa folgende: Die Welt ist wie ein großer Schloßpark. Man darf eintreten und steht zunächst vor einer Tafel mit Vorschriften und Verhaltensmaßregeln, die in den Schlußsatz münden: Zuwiderhandeln wird bestraft. Der Park ist etwas Fertiges. Der Besucher hat nur darauf zu achten, daß er nichts kaputtmacht. Er darf sich darin ergehen, aber nur auf den genau bezeichneten Wegen. Er darf sich freuen, aber nicht zu laut. Nur dezentes Lachen ist gestattet. Sein Schritt muß gemessen sein. Rennen ist verboten. Jegliche andere Aktivität hat zu unterbleiben. Handanlegen und zu einem Spaten greifen dürfen hier nur andere. Tatendrang muß lahmgelegt und unterdrückt werden. Irgendwelche Initiativen dürfen nicht ergriffen werden. Zu einer bestimmten Zeit ist der Park wieder zu räumen. Am Parkwächter vorbei, der genau aufgepaßt hat, muß man diese Welt verlassen. Und wehe, wenn einer nur ein Gänseblümchen abgerissen hat.
Solche Vorstellung aber entspricht nicht der Wirklichkeit. Die Welt ist nicht ein fertiger Park, in den Gott eine Gebotstafel gestellt hat. Und Gott ist nicht mit einem Parkwächter zu vergleichen.

[2] Zur Vervollständigung der Geschichte: Es stellte sich heraus, daß die Frau des Chefs das Geld genommen hatte.

Wir haben in unserer pädagogischen Grundlegung gesagt, daß die Welt den Menschen ständig in Anspruch nimmt. Man kann es auch mit Romano Guardini von einer anderen Seite sehen. Die Welt ist immer unfertig. Der Mensch hat den unerhörten und großartigen Auftrag, diese Welt zu vollenden. Sie ist der Initiative und Aktivität des Menschen überlassen, daß er sie erneuere und zum Guten verändere. «Sittlich handeln heißt etwas schaffen; nicht in Stein und Farbe und Ton, sondern im Wirklichkeitsstoff des Lebens. Immerfort ist die Welt unfertig. Immerfort kommt sie uns entgegen in der Form der Situation, daß wir, im sittlichen Tun, sie fertigmachen. Fertigmachen dadurch, daß wir das Gute in sie hineinformen ... Das heißt aber, daß wir erfassen, was neu ist. Das da um mich her: Menschen, Ereignisse, Dinge, Zustände ... das kommt, geschieht, zieht sich zusammen, hier, jetzt – und nun muß ich es fassen. Muß sehen: Was liegt in all dem, was da ist? Was will da alles erblickt sein? Beurteilt sein? Was ist nun das Gute? Das sehen, beurteilen, entscheiden, tun; klar, großmütig, besonnen, entschlossen, in kraftvoller, runder Tat, die Blut und Farbe hat, den Schwung des Herzens und die Sicherheit der Hand – das heißt das Gute tun.»[3] Wille Gottes ist es demnach, daß wir äußerst wach und aktiv werden in unserer Welt. «Kein bloßes Ausführen einer Vorschrift, sondern schöpferische Verwirklichung von etwas, was noch nicht ist. Unser sittliches Leben verarmt, weil es langweilig wird. Weil es lange Zeit, unter dem Einfluß des Kantischen Formalismus und einer schematisierten Moral, als Ausführung von Vorschriften aufgefaßt wurde. Das ist es aber nicht ... Im sittlichen Tun geht es darum, wirklich zu machen, was noch nicht wirklich, menschlich-wirklich ist. Irdische Gestalt zu geben Ewig-Unendlichem.»[4]

[3] Romano Guardini, Das Gute, das Gewissen und die Sammlung, Mainz 5/1962, S. 18.
[4] Ebd. S. 17.

Genau das muß in unserem Unterricht über Lebensfragen den Kindern und Jugendlichen klarwerden. Dieses ständige Aufgerufensein in die Situation hineinzuwirken und das Berufensein zu schöpferischem Tun entspricht ja auch dem Tatendrang des Kindes und des Jugendlichen. Sie wollen und müssen etwas unternehmen. Der Drang wird oft heute mißverstanden. Die Leute sagen «denen geht's zu gut». Und das stimmt auch, denn wenn es ihnen schlechter ginge, würden sie leichter die Stelle finden, wo diese Welt unfertig und zu verändern ist. Es wäre auch leichter, sie zu verändern, wie die Nachkriegsgeneration das getan hat. Überall, wo der Jugendliche eine lohnende Aufgabe in der Welt findet, wird er ruhiger.

So gilt es auf keinen Fall, diesen Tatendrang des Kindes in der Grundschule zu bremsen, es durch den Religionsunterricht in diesem langweiligen Park anzusiedeln, von dem wir oben gesprochen haben. Man erlebt manchmal solche Klassen, in denen durch eine falsche Bravheitserziehung jegliche Initiative im Keim erstickt und das Leben erstorben ist. Im Gegenteil muß die Freude am Leben geweckt werden, die Aktivität gefördert, Eigeninitiative unterstützt werden. Es muß ihnen deutlich werden, daß sie ständig aufgerufen sind, in jeder Situation die Welt zu verbessern. Daß Gott es ist, der sie aus der Ängstlichkeit herausruft zur Freude am Schaffen und Wirken. Daß die Sünde dort beginnt, wo einer lahm wird, wo er nicht bereit ist, das Gute in die Situation hineinzuformen, dem Ruf der «Welt», der immer Gottes Ruf ist, zu folgen.

Methodisch geeignet, um solches Denken im Kind zu fördern, ist die «Untersuchung gelebter Situationen» wie sie Marc Oraison in seinem Buch «Eine Moral für unsere Zeit» vorschlägt.[5] Marc Oraison nimmt irgend eine alltägliche Situation und untersucht, «welche positiven Forderungen im Sinne einer zwischenpersönlichen Hebung und Förderung, mit anderen Worten: im Sinne der Nächstenliebe, sich daraus ergeben». Zum Beispiel beleuchtet er

[5] Marc Oraison, Eine Moral für unsere Zeit, Olten 1968, S. 144 ff.

die Situation einer Hausfrau, sobald sie das Lebensmittelgeschäft betritt. Oder: «Herr Schmidt steigt am Morgen in sein Auto, um ins Büro zu fahren.» «Ich sitze in einem Abteil zweiter Klasse, zusammen mit sechs verschiedenen Reisenden. Drei Minuten vor Abfahrt des Zuges öffnet sich die Abteiltür, jemand schaut hinein und sucht offenbar einen freien Platz!» Was tut der Christ, der bereits im Abteil sitzt mit den fünf anderen Reisenden?
Es ist verhältnismäßig einfach und sehr reizvoll für die Kinder, solche Untersuchungen in der Grundschule durchzuführen. Ein Beispiel sei genannt. Fritz wohnt in einem großen Mietshaus. Er hat drei Freunde. Mit diesen ist er immer zusammen. Sie sind unzertrennlich. Ein neuer Junge zieht in Fritzens Haus. Er hat keinen Freund. Er ist schüchtern und traut sich nicht, andere anzusprechen. Soll Fritz etwas tun? Was kann er tun? Was muß er dabei denken? Was kann passieren? Wie muß er vorgehen?
Gebote können ihm dabei keinen Weg weisen. Aber das «Bewußtsein, Beauftragter zu sein des Guten in die Welt hinein ... Der zu sein, dem das Schicksal des Guten – welches ja das Höchste ist; aber auch, ebendarum, das Zarteste und in dieser Welt das Schwächste – dem das Schicksal dieses Guten anvertraut ist.»[6]

[6] Romano Guardini, a.a.O., S. 16.

Ludwig Volz

Vom Danken

Der An-Spruch Gottes

1 Eigentlich haben wir immer schon vom Anspruch Gottes gesprochen, wenn wir vom Anspruch seiner Geschöpfe, vom Anspruch der uns umgebenden Welt und vom Anspruch des Ichs gesprochen haben. Und doch ist hier noch ein wesentliches Element nachzutragen. Denn wie sich die Liebe Gottes nicht nur über den Nächsten bei mir bemerkbar macht, so muß es auch eine Weise geben, Gott die Liebe zu erwidern, in der der Mensch sich direkt an Gott wendet. Es wird zwar oft behauptet, daß die Liebe zu Gott allein durch die Nächstenliebe sichtbar werde. Aber schauen wir in die Geschichte der Menschheit mit Gott, dann können wir erkennen, daß die Menschen, nachdem Gott seine Liebe offenbart hatte, immer schon auch andere Weisen kannten, Gottes Liebe zu erwidern. Eine dieser Weisen ist der Dank, das Dankgebet, das Danklied, die Dankfeier.

Es ist leicht einzusehen, was das Danken mit der Liebe zu tun hat. Wenn ich jemandem etwas schenke, weil ich ihn gern habe, ihm helfen will oder ihm eine Freude machen will, und der andere nimmt das Geschenk ohne jegliches Zeichen des Dankes, dann ist es, als wenn mir dieses Geschenk aus den Händen gerissen worden wäre. Ich bin enttäuscht, weil der andere zwar das Geschenk sieht, nicht aber das, was hinter dem Geschenk steht, meine Liebe. Ich schenke ihm nicht nur die Gabe, sondern ein Stück von meiner Liebe. Ich möchte eine Brücke schlagen zu ihm, aber die Brücke kommt nicht an. Ich möchte ihn aus seiner Einsamkeit herausholen, aber er greift nicht zu. Nimmt er aber das Geschenk und zeigt sich irgendwie dankbar, dann fällt die Brücke nicht in den Fluß. Die Liebe

wird erkannt, ja noch mehr, sie wird zurückgeschenkt. Dank ist die Weise, wie wir Menschen Liebe erwidern können. Wo Liebe geschenkt wird und Liebe erwidert wird, entsteht Gemeinschaft und wird Freude.
Wie keine menschliche Gemeinschaft ohne Liebe existieren kann, kann sie auch nicht ohne Dank existieren. Wo der Mensch beginnt unmenschlich zu werden, hört zuerst das Danken auf, wie die Erfahrung lehrt.
Was es mit dem Danken auf sich hat, soll in der folgenden Katechesenfolge den Kindern eines vierten Schuljahres einsichtig werden.

2 Nach einer entsprechenden Einführung wird den Kindern ein kleines Erlebnis Heinrich Spaemanns vorgelesen.
«In einem Winter, kurz nach dem letzten Krieg, fuhr ich irgendwo im Ruhrgebiet mit der ungeheizten Eisenbahn in einem Abteil ohne Fenster. Mir gegenüber saß eine Frau, in ihren Mantel gehüllt schlummerte ein etwa fünfjähriges Kind. Kurz vor der Einfahrt des Zuges rührt es sich und wacht auf. Die Mutter reicht ihm einen Zwieback. Verschlafen sieht das Kind auf das Gebäck, dann lugt es strahlenden Auges aus der Mantelecke zur Mutter auf, sagt verwundert ‹danke›, kuschelt sich, beglückt über die kleine Gabe, von neuem unter den Arm der Mutter und knabbert, als koste es jeden Bissen behutsam aus wie ein Stück Liebe.
Der Zug lief ein. Wir gingen in eine Wärmebaracke für umsteigende Reisende. Dort kauerte nahe beim Ofen auf der Erde ein etwa vierzehnjähriges Mädchen mit verkommenen Zügen. Man glaubt ihr den Hunger anzusehen, jemand kommt und reicht ihr ein belegtes Brot. Das Kind packt zu, hastig und scharf, fast wie ein Raubtier. Es schaut nicht auf, es sieht nicht, wer ihm die Gabe reicht, es dankt nicht. Es greift nur hin, reißt das Brot an sich und ißt es auf. Dann ist alles wie vorher.»[1]

[1] H. Spaemann, Die kommende Welt, Düsseldorf 2/1963, S. 284.

Die Kinder melden sich spontan. Sie loben das kleine Kind, weil es dankbar ist, und verurteilen das große wegen seiner Undankbarkeit. Um die Kinder zum tieferen Nachdenken zu bewegen, werden beide Szenen mit einer einfachen Sprechzeichnung an der Tafel festgehalten.[2] Dann untersuchen wir ganz genau, was in dieser Geschichte äußerlich und innerlich passiert, damit wir begründen können, warum uns die eine Handlungsweise gefällt und die andere mißfällt.

Zum ersten Teil der Geschichte: Die Mutter schenkt ihrem Kind einen Zwieback. Sie tut es, weil sie ihr Kind lieb hat. Das Kind nimmt den Zwieback und bedankt sich. Aber man merkt an seinen strahlenden Augen und daran, daß es sich beglückt unter den Arm der Mutter kuschelt und jeden Bissen auskostet, daß das Kind mehr sieht als den Zwieback. Es sieht auch die Liebe, die die Mutter mitschenkt. Es bedankt sich für diese Liebe durch die Geste des Vertrauens. Mit seinem Dank aber schenkt es Liebe zurück. Die Mutter freut sich. Das steht zwar nicht im Text, aber das ist den Kindern selbstverständlich. Beide sind froh, und ihre Gemeinschaft wird noch herzlicher. Liebe wird geschenkt, und Liebe wird im Dank zurückgeschenkt. Daraus wird Freude, Glück und Gemeinschaft.

Zum zweiten Teil der Geschichte: Auch der «Jemand», der dem großen Kind das Brot reicht, tut es aus Liebe. Ihm tut das vom Hunger gequälte Kind leid. Aber das Kind sieht die Liebe nicht. Es sieht nicht den, der ihm das belegte Brot gibt. Es sieht nur das Brot, das es wie ein Raubtier packt. Es dankt nicht. Es erwidert die Liebe nicht. Es bleibt ganz in sich verschlossen. Keine Regung der Freude, kein Glück kommt auf. Es wird keine Gemeinschaft. Das Kind bleibt stumm und arm. Es hat zwar etwas für seinen Magen. Mehr als das kleine Kind, das nur einen Zwieback bekam. Aber sein Herz geht leer aus. Es nimmt die Liebe nicht entgegen. Es sieht sie nicht einmal. Es erwidert sie nicht, und alles ist traurig wie vorher.

[2] Sprechzeichnung nach W. Knoblauch und G. Stachel, vorgestellt in G. Stachel, Der Bibelunterricht, Zürich 1967.

Zwei Probleme tauchen in der Stunde noch auf. Während des Gesprächs macht ein Junge die Feststellung, daß uns fremden Menschen gegenüber das Danken oft leichter fällt als der Mutter gegenüber, die doch jeden Tag sehr viel für uns tut. Das zweite Problem stellt die Geschichte. Die Kinder fragen, warum wohl das große Mädchen so ist. Beide Probleme vertagen wir auf die nächsten Stunden.
Als Hausaufgabe sollen die Kinder eine der beiden Geschichten nacherzählen, und zwar mit all dem, was wir dazu gefunden haben.

2.1 Die Hausaufgabe dient sowohl der Sicherung der Erkenntnisse, die wir gewonnen haben, als auch der Erfolgskontrolle für den Lehrer. Sie ist gleichsam eine Art Niederschrift dessen, was wir erarbeitet haben. Meist wird man diese Niederschrift mit den Kindern erarbeiten müssen. Man sollte hier nicht mit der Zeit geizen. Es ist für den Erkenntnisvorgang und für die Erfolgssicherung von großer Bedeutung, daß man das Erkannte in Worte faßt und schriftlich festhält.
Einige Beispiele aus den gemachten Hausaufgaben sollen zeigen, was die Kinder verstanden haben.
Zur ersten Geschichte:
Junge: In einem Zug saß eine Frau mit ihrem Kind, das unter der Mantelecke schlief. Als das Kind aufwachte, reichte die Mutter ihm einen Zwieback. Das Mädchen lächelte und bedankte sich, denn es weiß, daß hinter dem Zwieback viel Liebe steckt, und das Kind gab mit dem Dank die Liebe zurück. Die Mutter freut sich mit dem Kind.
Junge: Eine Mutter gab einem etwa fünfjährigen Jungen einen Zwieback, als er aufwachte. Verschlafen sieht er seine Mutter an. Doch dann strahlt er übers ganze Gesicht und sagt «danke». Auch die Mutter ist glücklich. Sie weiß, daß er ihr die Liebe wieder durch das Wort «danke» zurückgab. Denn als sie ihm den Zwieback gab, gab sie ihm auch Liebe. Inzwischen war der Kleine wieder unter

die Mantelecke gerutscht und knusperte behaglich den Zwieback, als sei es ein Stück Liebe.
Mädchen: An einem harten Wintertag nach dem Kriege saß ich im Zug neben einer armen Frau. Sie hüllte ihren Mantel um ihr kleines schlafendes Kind, das sie auf den Armen trug. Plötzlich pfiff die Lokomotive einen grellen Schrei aus, und das Kind erwachte mit einem angstvollen Gesicht. Liebevoll streichelte die Mutter das Mädchen und gab ihm einen großen Zwieback. Es schaute beglückt die Gabe an und sagte anständig «danke schön, Mutter». Dann kuschelte es sich wieder in den warmen Mantel der Mutter.
Zur zweiten Geschichte:
Junge: In der Wärmehalle in einer Ecke sitzt ein zusammengekauertes Mädchen, etwa im Alter von vierzehn Jahren. Ihren Kopf läßt sie verzweifelt hängen. Man sieht ihr den Hunger an. Ein «Jemand» gibt ihr ein belegtes Brot. Sie reißt es an sich, ohne zu danken und aufzuschauen. Sie ißt es wie ein Raubtier. Sie gibt die Nächstenliebe des Jemands nicht wieder zurück. Sie macht den Jemand traurig. Als sie es verschlungen hat, ist es wieder genau so wie früher. Das Herz hat nichts bekommen.
Mädchen: Das Kind vergißt alles um sich. Es sieht nur das Brot. Es ist ein armes Kind, es vergißt sogar danke zu sagen. Der Mensch, der dem Kind das Brot gibt, ist betrübt, weil das Kind sich nicht bedankt. Es schlingt das Brot einfach hinunter. Es spürt nicht die Liebe, die hinter dem Brot steckt. Es gibt die Liebe auch nicht zurück. Es spürt nicht, daß jemand mit ihm Mitleid hat.
Junge: Es war im Krieg auf einem Bahnhof, da kauerte neben einem Ofen auf der Erde ein etwa vierzehnjähriges Mädchen. Man sah ihr den Hunger an. Plötzlich streckt jemand dem Mädchen ein belegtes Brot entgegen. Gierig reißt sie das Brot aus der Hand des Jemand und fängt es an, wie ein Raubtier zu essen. Sie bedankte sich nicht und schaute nicht einmal hoch. Wir sollten jetzt etwas vom Innern der beiden Menschen schreiben. Aus Mitleid und

Liebe schenkte ihr jemand ein belegtes Brot. Sie erkannte die Liebe nicht und konnte deshalb sie nicht zurückgeben. Dieser Jemand war traurig darüber, denn sie beachtete nur das Brot. Durch den Hunger war es ihr bestimmt egal, von wem sie das Brot bekam.

2.2 Warum diese Stunde? Die Kinder wußten doch offenbar schon vorher, welches Verhalten richtig und welches falsch ist. Das stimmt. Die spontanen Äußerungen nach dem Lesen der Geschichte zeigen, daß die Kinder gefühlsmäßig den Undank des großen Kindes verurteilen. Außerdem wissen sie nach einer jahrelangen Dressur, daß man sich bedanken muß, wenn man etwas bekommt. Auch heute noch bringen die meisten Mütter ihren Kleinen mit viel Ausdauer das Dankesagen bei. Es hat sich dadurch bei vielen Kindern eine Gewohnheit gebildet. Unsere Stunde will das, was gefühlsmäßig und gewohnheitsmäßig da ist, erkenntnismäßig erfassen helfen. Sie will tiefere Einsicht in die inneren Zusammenhänge des ganzen Vorgangs verschaffen. Sie will dem Kind ein Stück Welt eröffnen, damit es sich bewußt hervorrufen lasse. Das große Kind läßt sich nicht hervorrufen. Die Liebe kommt ihm nicht vor. Es sieht sie nicht. Es ist ganz von seinem Hunger und seinem Elend verblendet. Alles andere bleibt ihm stumm.
Die Einsicht in die Wirklichkeit und in das, was sich daraus ergibt, kann den jungen Menschen allein zu einem der Wirklichkeit entsprechenden Handeln führen und verbessert wesentlich das Verhalten der Kinder. Die Kinder müssen durchschauen lernen, warum etwas recht und gut und deshalb angebracht ist. Daraus ergibt sich auch die Möglichkeit, gute und schlechte Gewohnheiten, die andressiert oder angeeignet sind, kritisch zu überprüfen und sich der jetzigen Situation entsprechend zu verhalten.

3 Die folgende Stunde muß sich mit dem Tun des großen Mädchens noch einmal beschäftigen. Die Kinder hat-

ten das große Mädchen verurteilt, und auch in den Hausaufgaben scheint nur in manchen Wendungen ein gewisses Verständnis für das Verhalten des großen Mädchens sichtbar zu werden. Aber gegen Ende der ersten Stunde war die Frage aufgebrochen, warum das große Mädchen so ist. Diese Frage zeigt, daß die Kinder nicht zufrieden sind mit ihrem Urteil über das Kind. So gilt es nun, auch das große Mädchen trotz seines Undanks in seinem Verhalten verstehen zu lernen. Die Kinder meinen, es hätte wohl Vater und Mutter verloren. Der Lehrer erzählt vom Flüchtlingselend der Nachkriegsjahre. Die Kinder begreifen, wie ein Mensch durch große Not zu solchem Verhalten kommen kann, und sind der Meinung, daß das große Mädchen trotz seines Undanks ein armes Kind ist. «Es ist ein armes Kind», hatte auch ein Mädchen in seiner Hausaufgabe festgestellt.

3.1 Dem Danken in der Familie gilt die nächste Stunde, angeregt durch die Feststellung des Jungen, daß es uns leichter fällt, fremden Menschen zu danken als der Mutter. Dazu ist es notwendig, verschiedene Formen des Dankens zu besprechen. Danken hängt nicht am Wort «danke». Man kann seinen Dank zeigen, indem man sich freut, fröhlich ist, fest zugreift bei Tisch und nicht am Essen «herummeckert», Arbeiten abnimmt und übernimmt, ein Geschenk macht, seine Sachen aufräumt ... Es gibt in den Familien besondere Tage, an denen man Dank abstattet. Hierher gehört der Muttertag, die Geburtstage und auch das Weihnachtsfest.

3.2 Auch im Schulsaal wird es freundlicher und schöner, wenn die Kinder dankbar sind. An Beispielen wird erkannt, daß durch Danken die Gemeinschaft in der Klasse größer wird. Auch der Lehrer dankt, und die Kinder sind ihm Dank schuldig. Manchmal sieht man erst später ein, daß man dem Lehrer auch für eine Strafe dankbar sein kann.

3.3 Weitere Anregung zum Durchdringen des Komplexes kann der Text «Danken» von Wilhelm Gössmann geben:[3]

Danken

Das Wasser,
das wir brauchen,
das Licht,
das für uns brennt,
der Tisch
mit Bank und Stühlen,
das Brot,
die Milch,
die angefüllten Schüsseln,
wie alle dafür sorgen,
daß alles,
was wir brauchen,
in unserer Wohnung ist.

Da Wilhelm Gössmann zu diesem Text schon Unterrichtsbeispiele veröffentlicht hat, sei hier nur ein möglicher Einstieg angedeutet.

L: Wir wollen heute nachdenken. Über was wir nachdenken wollen, habe ich euch an die Tafel geschrieben.

S: Über das Wasser, das Licht ...

L: Der Text sagt auch, was wir beim Wasser bedenken sollen.

S: Daß wir es brauchen.

L: Wir wollen das Wort brauchen unterstreichen. Aber der Text möchte noch etwas anderes bedacht haben.

S: Wie alle dafür sorgen. – Daß es in unserer Wohnung ist.

L: Wir wollen auch diese beiden Zeilen unterstreichen. Und nun können wir uns an die Arbeit machen. Wir wollen bedenken, wozu wir das Wasser und die anderen

[3] Wilhelm Gössmann, Protestieren – Nachdenken, Meditieren – Beten, München 1970, S. 24.

Dinge brauchen, und wie alle dafür sorgen, daß diese Dinge in unserer Wohnung sind.
Am Ende dieses Vorgangs stellen wir die Frage, warum der Dichter den Text «Danken» nennt. Die Kinder finden die Antwort leicht, aber es taucht sofort ein neues Problem auf. Die Kinder stoßen sich daran, daß man den Handwerkern z.B. dankbar sein soll, obwohl sie doch für ihre Arbeit bezahlt werden.

3.4 Wir finden in einer weiteren Stunde, daß ein Handwerker, der seine Arbeit schlecht macht, keinen Dank verdient, weil bei seiner Arbeit kein bißchen Liebe spürbar wird. Überall aber, wo die Arbeit sachgerecht gemacht wird und der Arbeiter sich bemüht, die Menschen zufriedenzustellen, ist außer seinem Verdienst eine Geste des Dankes gerecht.
Wir kommen auch darauf, daß ein Dank an Menschen, die oft nur einen ganz unscheinbaren Dienst haben, wie der Straßenbahnschaffner, der Briefträger, ein Kartenverkäufer, die Welt freundlicher und menschlicher macht. Der andere fühlt sich dadurch als Mensch in seiner Arbeit anerkannt und freut sich.

4 Wir lassen uns Zeit bei der Behandlung dieses Themas. Die didaktische Besinnung zeigt nämlich, daß das Danken zu den Grundakten der menschlichen Gesellschaft gehört. Wir lehren nicht umsonst unseren Kindern schon sehr früh und intensiv das Danken. Dahinter steckt die Erfahrung der Menschheit, daß ohne Dank menschliche Gemeinschaft nicht möglich ist. Deshalb waren für Pestalozzi Liebe, Dank, Vertrauen und Gehorsam die Anfangspunkte aller sittlichen Erziehung.
Dank ist aber auch die erste und vornehmste Antwort des Menschen seinem Schöpfer gegenüber. Pestalozzi sagt in «Etwas über die Religion»: «Und was will doch der Sterbliche von Gott reden, was will er von ihm sagen, als er ist gut, er ist Vater und Dank! und Dank! – Was weiß der Mensch mehr von Gott, und was kann er mehr von

ihm reden? – Daß doch die Erde ihre Stimme vereinigte und nur sagte: Er ist gut – Er ist Vater! – Und Dank, und Dank!»[4]

Für die großen Propheten, wie etwa Jeremias, ist jegliche Sünde Undank diesem Gott gegenüber, der Israel zu seinem Volk gemacht hat.

Wir verstehen deshalb, daß auch das Neue Testament voll von Aufforderungen zum Dank ist. Fast jeder Paulusbrief beginnt mit einer feierlichen Danksagung. In manchen Briefen werden wir mehrfach aufgefordert zu danken. So Eph 5,20: «Danket allzeit für alles Gott dem Vater im Namen unseres Herrn Jesus Christus.» Kol 2,7: «Schäumet über von Dankbarkeit.» Im Dank erkennt der Mensch die Liebe Gottes an und erwidert sie. Im Dank zeigt er seine Ergebenheit in den Willen Gottes.

Auch die kostbarste Feier, die der Herr seiner Kirche gegeben hat, ist eine Dankfeier, die Eucharistiefeier. Der Herr nämlich trat an diesem entscheidenden Abend seines Lebens im Abendmahlsaal vor Gott, seinen Vater, hin und dankte; Zeichen der Ergebenheit und Liebe.

So müssen auch die folgenden Stunden in unserem vierten Schuljahr notwendig vom Dank an Gott sprechen. Die Grundlage für das Verständnis von Dankgebet und Eucharistiefeier ist durch die vorhergehenden Stunden gelegt. Wie es selbstverständlich ist, daß wir auf die Liebe eines Menschen mit Dank antworten und so in die Gemeinschaft eintreten, die er uns anbietet, so ist es auch selbstverständlich, daß wir auf die Liebe Gottes mit Dank antworten und so in Gemeinschaft mit ihm treten. Es geht also wiederum um ein Entsprechen.

4.1 Das Kind hat im vierten Schuljahr schon viel von der Liebe Gottes gehört und auch schon Gott danken gelernt in Gebeten und Liedern. Wir untersuchen solche Dankgebete und Danklieder (Gesangbuch), um festzustellen, für was die Menschen Gott danken. Wir fragen kritisch,

[4] Zitiert nach Th. Ballauff, Vernünftiger Wille und gläubige Liebe, Meisenheim 1957, S. 119.

ob und warum Gott für alle diese Dinge Dank gebührt. Wir versuchen selbst ein Dankgebet zu machen.

4.2 Eine Perikope, wie die von der Heilung der zehn Aussätzigen und dem dankbaren Samariter, lehrt uns, was das Evangelium zum Danken meint. Jesus ist enttäuscht, daß nur einer kommt und die Liebe Gottes im Lobpreis anerkennt und dem Boten Gottes dankt. Die Aufgabe des Boten Gottes war es, die Liebe Gottes zu künden. Wo sie nicht anerkannt wird, ist sein Lebenswerk in Gefahr. Er ist gekommen, die Brücke zu schlagen zur Menschheit. Kommt sie an, antwortet der Mensch mit Lob und Dank. In Lobpreis und Dank vollendet sich im Lukasevangelium der Glaube. Deshalb beginnt das Lukasevangelium mit dem Lobpreis im Tempel und endet mit einem Lobpreis im Tempel. «Der erste Mensch, der im Evangelium begegnet, wird durch das Zeichen des Verstummens, das seinen Unglauben trifft, zum Glauben an die Wirksamkeit der göttlichen Zusage geführt und öffnet seinen Mund wieder zum Lobpreis Gottes; am Ende aber stehen die lobpreisenden Jünger, die ihren Zweifel und Unglauben überwunden haben.»[5] Lob und Dank sind Antwort des Menschen auf die Großtaten Gottes (Lk 1,64; 2,20.28; 4,15; 5,25.26; 7,16; 9,43; 13,13; 17,15; 18,42.43; 23,47; 24,53).

4.3 Da bei der Ersteinführung in die Eucharistiefeier heute meist mit dem Mahlgedanken gearbeitet wird, ist es eine gute Ergänzung, wenn die Eucharistiefeier nun als Dankfeier erschlossen wird. Mit dem «Lasset uns danken dem Herrn . . .», das die Kinder kennen, wird die Gemeinde, aber auch der einzelne zum Danken aufgefordert. Wir sprechen den Dank mit Christus, dem Auferstandenen, zum Vater. Es wird verständlich, warum viele Menschen Sonntag für Sonntag zur Eucharistiefeier kommen. Sie wollen im Dank Gott ihre Liebe zeigen. Es wird aber auch

[5] Walter Grundmann, Das Evangelium nach Lukas, Berlin 5/1969, S. 30.

verständlich, warum viele nicht kommen. Dafür gibt es mancherlei Gründe. Vielleicht sehen sie die Liebe Gottes nicht, wie das große Mädchen in unserer Geschichte die Liebe nicht sah. Große Not, zuviel Arbeit, schlechtes Beispiel der Christen u.a.m. können die Menschen für die Liebe Gottes blind machen. Daß wir die Kinder zu einer gut vorbereiteten «Dankfeier» einladen, ist selbstverständlich.

4.4 Zum Abschluß der ganzen Reihe können wir über das Kirchengebot, das uns zum Sonntagsgottesdienst einlädt und verpflichtet, sprechen. Die Kinder kennen meist das Gebot von zu Hause oder aus früheren Religionsstunden. Wir fragen kritisch, ob dieses Gebot sinnvoll ist und was es überhaupt will. Es ist wohl sinnvoll jeden Sonntag mit der Gemeinde und Jesus Christus Gott zu danken. Das Gebot will uns mahnen und uns eine Hilfe sein, wenn wir das vergessen sollten.

Willi Stengelin

Mein Opa hat gesagt: «Das Beten hat keinen Sinn!»

Viertes Schuljahr

Vorbemerkungen

1. Wenn wir Religionsunterricht als Hilfe zur Bewältigung des Daseins in seinem konkreten Vollzug verstehen, müssen wir dem Schüler die Möglichkeit geben, auch seine religiöse Praxis, die meist anerzogen ist, als sinntragend für sein gegenwärtiges und zukünftiges Leben erhellen zu können. Diesem Ziel dient der hier beschriebene Unterrichtsverlauf. Er soll die Schüler zum Nachdenken befähigen über die Sinnhaftigkeit religiöser Praktiken. Aus dem Prozeß des Nachdenkens sollte sich dann unter Umständen eine neue Einstellung ergeben.

2. Ich hatte mir vorgenommen, die Sache nicht künstlich zu problematisieren. Zunächst sollten die Schüler ihre Einstellung vorbringen. Darauf wollte ich eine Stunde verwenden. Daß verschiedene Schüler das Beten als überflüssig bezeichnen würden, erwartete ich. Als aber die ganze Klasse derartige Probleme vorbrachte, war ich erstaunt. So hat sich der weitere Unterrichtsverlauf erst nach der Problemfindung ergeben und wurde sehr stark von den Schülerinteressen geprägt. – Einige Kollegen in München, die denselben Ansatz wagten, berichteten mir, daß sich ein gleicher Verlauf zwangsläufig ergeben habe.

3. Zwei Versuche habe ich in München gemacht. Die Mädchen und Buben beider Klassen kennen mich schon seit ihrem dritten Schuljahr. Im Verlauf dieser Zeit haben wir miteinander einen dialogischen Unterrichtsstil erreicht, der auch den Lehrer zum Hörenden werden läßt und dem Schüler das Bewußtsein gibt: Meine Meinung kommt nicht erst nach der des Lehrers und wird nicht

erst durch die Bestätigung des Lehrers etwas wert. Die Schüler bringen sehr viele Beiträge, die zur Lösung führen, selber ein. Dabei handelt es sich keineswegs um ein besonders «sozial gehobenes» Milieu. Ich würde es – ohne zu werten – einfach als durchschnittlich bezeichnen.

Unterrichtsverlauf

I. Problemfindung

Erste Stunde

Zu Beginn beteten wir:
Gütiger Gott,
du hast unsere Bitte um das tägliche Brot erfüllt und uns heute wieder satt werden lassen.
Sieh die Not der Hungernden in aller Welt und gib, daß sie satt werden.
Öffne den Mächtigen und Reichen die Augen. Laß uns alle bereit sein zu helfen, wo immer wir können.
Um Christi unseres Herrn Willen.
Amen.[1]
Nach dem Beten sagte ich: «Ich habe mich schon seit längerer Zeit gewundert, daß ich euch jedesmal ans Beten erinnern muß. In anderer Hinsicht entwickelt ihr in meinen Stunden viel mehr Aktivität. Ich habe den Eindruck, ihr betet nur dann, wenn ich euch dazu aufforderе.»
Daraufhin meldeten sich viele Schüler. Ihre Meinungen wurden gesammelt und an die Tafel geschrieben.

[1] Aus «Gemeinsam beten», Herausgegeben vom kath. Schulkommissariat und dem Landeskirchenrat der evangel.-luther. Kirche in Bayern, München 1969.

Schülermeinungen:
Mein Opa hat gesagt: «Das Beten hat keinen Sinn. Es hilft ja doch nichts.» Er war im Krieg; die einen haben überlebt, die andern sind tot.
In einem Fernsehfilm war das auch so. Die Soldaten haben auf beiden Seiten gebetet. Wem soll «der Gott» da helfen?
Meine Mutter sagt immer, das gehört zum Menschen, daß sie sich bekämpfen. (Diskussion über augenblickliche Kriegsschauplätze.)
Und in der Hungersnot sollen die Menschen sich selber helfen. Gott kann da nichts machen.
Man könnte um Regen bitten.
Das macht doch die Natur ... der Kreislauf des Wassers. (Diskussion zu diesen Dingen.)
Viele beten nur, wenn sie in Not sind, und wenn es ihnen gut geht, brauchen sie Gott nicht.
Ich denke, man soll beten am Morgen und am Abend, in der Kirche, in der Not, für die Eltern, daß mir nichts passiert, daß meine Eltern länger leben.
Wer betet denn heute noch? Ich weiß niemand.[2]
Niederschrift: Was sollen wir beten?
Es ist gut, wenn wir in unserem Alter schon so fragen. Unsere Klasse hat verschiedene Meinungen: Es hat keinen Sinn zu beten. Es hilft nichts. Im Krieg sollte man schon beten. Es kommt darauf an, was man betet! Um das tägliche Brot muß man beten. Die Menschen sollen sich um ihr Essen selber kümmern!
Woher soll man wissen, was nun richtig ist?
Hausaufgabe:
«Versucht, ob ihr die Frage am Schluß beantworten könnt.»

[2] Die Äußerungen der Schüler sind erstaunlich, aber ebenso ihre Offenheit, mit der sie ihre Schwierigkeiten vorbringen. Man sollte in solcher Situation nicht versuchen, den Schülern vorschnell «gläubige» Antworten oder Haltungen zur Lösung anzubieten. Die Schüler sollen den Weg zur Antwort selber finden in der Auseinandersetzung mit den ihnen zugänglichen Wirklichkeiten. Das kostet einige Stunden. Aber in einem Alter, da die Schüler sich bereits verselbständigen wollen, ist das der einzige Weg, der zu neuen Einstellungen führen kann.

Zweite Stunde

Aus der Besprechung der Hausarbeit ergab sich die Frage nach dem Ursprung des Betens. Wie erwartet, nannten die Schüler ihre «Autoritäten» als Gründe für ihr Beten: Pfarrer – Eltern – Lehrer – Oma. Daraus entwickelte sich ein Unterrichtsgespräch über Vorfahren. Es zeigt sich wieder zu meinem Erstaunen, wie reichhaltig – wenn auch unsystematisch – das zufällige Wissen von der Vergangenheit war. Das Ergebnis wurde wieder in einer Niederschrift festgehalten.
Niederschrift: Woher wissen wir, was man beten soll?
Viele lernen das Beten von Eltern, Lehrern, Priestern. Diese wissen es von ihren Vorfahren. Zu allen Zeiten haben Menschen gebetet und ihre Gottheit verehrt.
Es gibt die verschiedensten Formen zu beten.
Schülerarbeit: «Wer dazu Bücher zu Hause hat oder Bilder, kann sie mitbringen. Ihr könnt auch passende Darstellungen ins Heft zeichnen, malen oder kleben.»[3]

Dritte Stunde

Zu Beginn der Stunde brauchte ich nicht erst nach der Hausaufgabe zu fragen. Die meisten Schüler hatten Indianertänze und den Totempfahl gemalt, aber auch eine Buddhafigur kam vor und Bilder aus Zeitschriften.
Die Bilder wurden besprochen.
Ich sagte zum Beispiel bei den Darstellungen der Tänze: Das hast du schön gemacht. Es gefällt mir. Aber was hat das wohl mit Beten zu tun?
S: Die haben dabei gesungen.

[3] Finden die Schüler selbst kein Material, könnte der Lehrer das ausgezeichnete Buch von Istvan Racz, Der unbekannte Gott, Köln 1969 wählen.

S: Früher gab es verschiedene Arten des Betens.
S: Die Baalspriester haben zum Beispiel auch getanzt.
Da die Mitschüler die Geschichte nicht kennen, wollen sie sie hören. Sie wird vom *S.* erzählt. Er hat sie gefunden, weil er in der Heiligen Schrift nachschaute, was dort vom Beten steht.
S: Ich habe ein Buch mitgebracht von den Steinzeitmenschen.
L: Gehört das zu unserem Thema?
S: Ja! Diese Steinzeitmenschen haben Feste gefeiert und ihre Götter – das waren Dämonen und Geister – verehrt.
L: Gut, dann wollen wir aus deinem Buch vorlesen:
Auf Neuguinea gibt es heute noch Menschen, die viele tausend Jahre zurück sind. Ich lese euch einmal vor, was die tun: «Die Arm- und Beinmuskeln der Toten werden gegessen, um sich deren Kraft anzueignen. Die Menschen leben in ständiger Angst vor den Geistern; Geisterhäuser werden gebaut, um die Toten zu besänftigen. In diesen Häusern hängen Masken und Totenschädel. Die Frauen tragen die Köpfe ihrer toten Männer um den Hals. Wenn ein Geisterhaus gebaut wird, legen sie einen lebenden Menschen in ein Loch, das für einen Eckpfeiler gegraben wurde und schütten ihn zu.»
L: Ich frage mich: Was hat das alles mit Beten zu tun?
S: (Nach einer Pause:) Wenn sie Geisterhäuser bauen, bitten sie, daß sie vor den Dämonen beschützt werden.
S: Es wurden früher auch einmal die Flammen angebetet.
Von den Griechen und Römern war die Rede (im Fernsehen war die Odyssee gezeigt worden), von Indern und Chinesen und natürlich auch von den Indianern.
S: Ich habe da noch eine Frage: Leben eigentlich die Götter der Griechen und Römer?
L: Eine solche Frage habe ich erwartet. Aber ich kann sie dir nicht mit «ja» oder «nein» beantworten. Wir müssen sie uns merken für die nächste Stunde.
S: Ich habe zuhause eine passende Geschichte von Manitu. Wie die Menschen auf die Götter gekommen sind.
L: Ausgezeichnet! Bring sie das nächstemal mit. Jetzt

wollen wir erst wieder eine Niederschrift machen, sonst vergessen wir, was wir heute herausgebracht haben.
Niederschrift: Die Menschen beteten zu verschiedenen Göttern.
Die Griechen beteten zu Zeus, zu Apollo und zu Ares.
Die Indianer verehrten Manitu, er sollte sie vor Dämonen und Geistern schützen.
Die Türken beten noch heute zu Allah.
Die Juden glauben an Jahwe.
In Indien wird Buddha angebetet.
Wir und viele andere mit uns beten zu Gott-Vater durch Jesus Christus.
(In dieser Niederschrift sind nur Gottesnamen aufgeführt, die die Schüler selber genannt haben!)

Vierte Stunde

Zu Beginn fragte ich die Schüler, ob sie noch wissen, was wir uns für diese Stunde vorgenommen hatten. Fast alle wußten es noch und zeigten dadurch, daß das Interesse noch da war.
S: Wir wollen herausfinden, ob die Götter der Griechen lebten, denn heute leben sie ja nicht mehr. Aber damals?
S: Vielleicht gibt es sie noch, aber man kennt sie nicht.
S: Ich habe die Geschichte von Manitu mitgebracht. Daraus erkennt man, wie die Indianer auf ihren Gott gekommen sind.
L: Gut! Wenn es interessiert, kannst du die Geschichte vorlesen.
S: (liest vor):

Wie die Schlange Giftzähne bekam

Was ich jetzt erzählen will, geschah kurz nachdem der allmächtige Cipas (Manitu) die Tiere erschaffen hatte. Er hatte sie mit allem ausgestattet, was sie zum Leben brauchten: Dem Adler hatte er gewaltige Flügel, dem Hirsch flinke Füße und dem Bären riesige Kraft verliehen. Nur die Schlange Kasur war leer ausgegangen und hatte nichts, um sich zu wehren. Nur Fliegen schnappen konnte sie, aber selbst die verlachten und peinigten sie, denn Kasur hatte nicht einen einzigen Zahn.

Auch das Kaninchen, sonst immer und überall ein rechter Angsthase, quälte die Schlange, wie es nur konnte. Den größten Spaß machte es ihm, sie in den Sand einzugraben oder ins Wasser zu werfen. Wie durch ein Wunder überstand sie all diese Schändlichkeiten und vertraute auf Cipas, der allein ihr helfen konnte.

Einmal nachts, als alles schon schlief, machte sie sich auf den Weg zu der Grotte des Schöpfers. Die ganze Nacht hindurch mußte sie über riesige Felsblöcke klettern, die ihr im Wege lagen, und erst vor Tagesanbruch stand sie vor einer geräumigen Höhle.

In der Mitte des Raumes glomm das heilige Feuer, und der duftende Rauch erfüllte betäubend die Luft. Vor dem Feuer saß Cipas und blickte die Schlange durchdringend an.

«Was hast du hier zu suchen?»

«Ich fühle mich sehr unglücklich, denn ich bin nicht kräftig genug, um mich zu wehren, wenn mich die anderen auslachen und quälen, und nicht schnell genug, um meinen Feinden zu entkommen. Aber ich bin auch nicht klein genug, um mich vor ihnen zu verstecken. Nur du allein kannst mir helfen, sonst muß ich elend zugrundegehen.»

«Gut denn, ich will dir helfen», sagte der Schöpfer. «Tritt näher!»

Die Schlange kroch näher ans Feuer. Cipas erhob sich, hüllte sich in Rauch und sprach ein paar geheimnisvolle Worte. Dann nahm er, noch weitere Beschwörungsformeln murmelnd, einige glühende Kohlen zwischen die Finger, brach ein kurzes Strahlenbündel von der aufgehenden Sonne ab und wickelte die Kohlen hinein.

Dann befahl er der Schlange: «Mach das Maul auf!»

Und Kasur fühlte, daß ihr Zähne wuchsen, scharf wie Nadeln.

«Ich habe dir eine furchtbare Waffe gegeben: Deine Zähne sind giftig, und wer von dir gebissen wird, muß sterben! Von nun an wird es dir ein leichtes sein, dich deiner Angreifer zu erwehren», sagte Cipas. Dann trug er Kasur vor die Grotte.

Die Schlange kroch in aller Ruhe nach Hause, aber diesmal nicht auf versteckten Wegen, denn sie wußte, wie stark sie jetzt war. Da lief ihr das Kaninchen in den Weg.

«Ah – Kasur! Wohin geht denn die Reise, wohin denn?»
«Nach Hause», antwortete die Schlange kurz und versuchte, dem Kaninchen aus dem Wege zu gehen.
«Hast heute wohl keine Lust zum Spielen?» höhnte das Langohr, und eh Kasur es sich versah, hatten sich die scharfen Schneidezähne des Kaninchens in ihren Leib gebissen.
«Laß mich in Frieden, oder du wirst es bereuen!» zischte die Schlange.
«Hahahah! Wer wird sich denn vor dir fürchten?!»
Da schnellte die Schlange jählings in die Höhe, und noch eh ihr Peiniger wußte, wie ihm geschah, lag er auch schon in den letzten Zügen. Das Schlangengift hatte das seine getan, und Kasur konnte ihren Weg unbesorgt fortsetzen.
Die Nachricht von dem Tode des Kaninchens erfüllte alle mit größtem Entsetzen. Sie ergriffen vor der Schlange die Flucht und sannen darüber nach, wer ihr wohl eine so große Macht verliehen hatte.
«Ich kann es mir denken», sprach der Frosch, «Cipas selbst wird es gewesen sein.»
Eine Weile war alles still, dann aber rief plötzlich jemand – ich habe vergessen, wer –: «Dafür wollen wir ihn töten!»
«Ja, wir töten ihn dafür, wir töten ihn!» riefen alle durcheinander, und dann zogen sie gemeinsam vor die Grotte des Schöpfers.
Aber Kasur war auch nicht faul. Da sie bereits den Weg kannte fiel es ihr nicht schwer, den großen Cipas noch rechtzeitig zu warnen.
«Wir müssen fliehen», sagte der Schöpfer. «Aus meiner Grotte führt ein geheimer unterirdischer Weg tief in die Erde hinein. Dort sind wir in Sicherheit.»
Draußen war schon das Kampfgeschrei der Feinde zu hören.
«Schnell, Kasur! Nimm mich auf deinen Rücken!» Cipas hob die Hand, sprach eine Zauberformel, und vor ihnen tat sich ein unvorstellbar tiefer Abgrund auf. Sie glitten hinein, worauf sich die Erde sofort wieder hinter ihnen schloß.
So war es gekommen, daß Cipas in das Dunkel der Unterwelt fliehen mußte. Er schickte zwar Kasur wieder zur Erde hinauf, aber selbst kam er niemals wieder und hält sich auch heute noch in den unterirdischen Tiefen verborgen.
Wenn er gähnt, dann rauchen die Vulkane, aus den Kratern wälzen sich Aschewolken, und die glühende Lava strömt ins Tal hinab. Und wenn er sich bewegt, so bebt die Erde. Felsen

bersten, Berge sinken in die Tiefe, Gewässer treten aus ihren Ufern, und die Menschen packt Furcht und Entsetzen.[4]

S: Die Indianer erlebten Erdbeben, Vulkanausbrüche, Überschwemmungen. Da sagten sie, Manitu hat es so gewollt.
L: Du hast ganz recht. Manitu ist die allen Naturerscheinungen innewohnende Kraft. Die Kraft der alles mit sich reißenden Fluten . . .
S: Bei den Griechen war es ähnlich.
Die erlebten die Macht der Stürme auf dem Meer und sagten: Poseidon zürnt. Das weiß ich vom Fernsehen, von Odysseus.
S: Bei Abraham war es ähnlich. Er hat zuerst den Mondgott verehrt, weil er meinte, der Mondgott gibt das Leben der Natur.
S: Später meinten sie, es wäre der Moloch.
S: Oder der Baal . . .
L: Da habt ihr etwas sehr Wichtiges für alle Religionen herausgefunden. Menschen haben die Kräfte in der Natur erfahren oder erkannt. Sie sind ihnen unheimlich gewesen. Daraus haben sich die Natur-Religionen entwickelt. Die Menschen wollten diese Mächte – Götter – gnädig stimmen. Daraus ergaben sich verschiedene Formen des Gebetes.
Wir wollen die Sache aber noch etwas klären.
Vielleicht geht es auf diese Weise: Ihr nennt mir bestimmte Völker. Die schreiben wir an die Tafel ganz unten. Dann zeigen wir durch einen Pfeil an, daß sie nachgedacht haben und worauf sie gekommen sind.
Ich mache ein Beispiel:
Da sind die *Griechen* (Tafelanschrieb), z.B. Odysseus. Es gibt einen Sturm. Odysseus denkt nach. Er sagt: Poseidon will mir schaden. Er kommt durch eigenes Nachdenken auf Poseidon. – Wir wollen an der Tafel aber jeweils

[4] V. Halpach, Was die Zauberpfeife erzählt, Indianermärchen, Hanau 2/1966, S. 122.

nur den höchsten Gott der Völker anschreiben, für die Griechen also *Zeus* (Tafelanschrieb).

S: Darf ich das bei den Römern machen?
S: Und ich bei den Indern . . .
Auf diese Weise entstand folgendes Tafelbild:

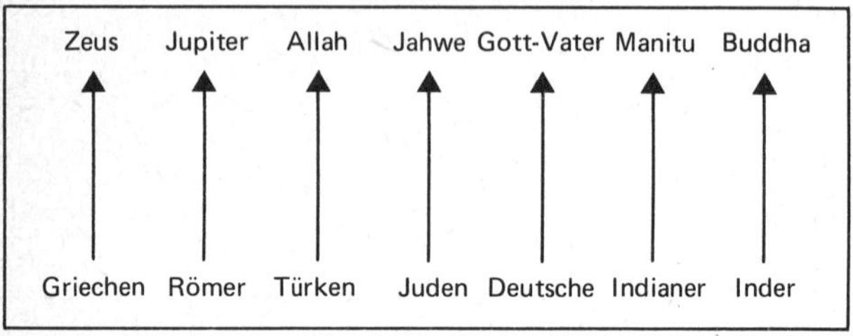

Eine kritische Betrachtung des Tafelbildes erweckt in einigen Schülern Zweifel.
S: Bei den Juden war das doch nicht ganz so.
S: Die sind durch eigenes Nachdenken nicht auf Jahwe gekommen.
S: Sie haben doch immer wieder andere Götter verehrt. Mondgott, Baal und so weiter.
S: Man müßte von Jahwe einen Pfeil nach unten machen, weil er sich zu erkennen gegeben hat.
S: Man darf die Götter nicht auf dieselbe Stufe mit Jahwe stellen. (Auf Grund dieser Auseinandersetzung entsteht ein neues Tafelbild.)

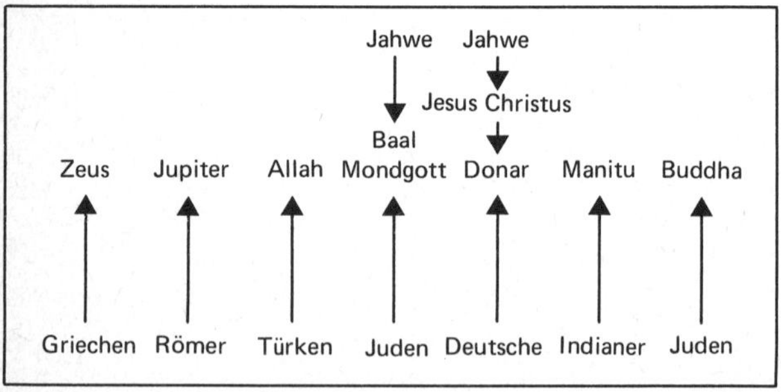

Niederschrift: Wie sind die Menschen auf die vielen Götter gekommen?
Viele in unserer Klasse fragten: Wie sind die Menschen zu ihren Göttern gekommen? Lebten diese Götter? Hat das Gebet zu diesen Göttern einen Sinn?
Wir haben herausgefunden: Die Menschen haben Naturkräfte für Götter gehalten.
Sie hörten zum Beispiel den Donner. Da sagten sie: «Der Göttervater Zeus ist erzürnt.»
(Mit obigem Tafelbild ins Heft.)

Fünfte Stunde

Aus irgendeinem Grund zeigten die Schüler lebhaftes Interesse an den Germanen. Sie wollten von mir genau wissen, wie das nun war. Deshalb wählte ich als exemplarischen Fall für die Christianisierung der Germanen die Bonifatiusgeschichte aus.
Zunächst wurde die Religion der Germanen unter Mitarbeit der Schüler dargestellt.
Wir ergänzten darauf die Niederschrift der vorhergehenden Stunde mit den Sätzen:
Auch bei den Germanen finden wir diese Vorstellungen wieder. Sie sagten: «Donar schickt die Blitze und den Donner.»
Im Unterrichtsgespräch kam es zu folgendem Dialog:
L: Kann mir jemand von euch sagen, wie die Germanen wohl gebetet haben, wenn sie in den Kampf zogen?
S: «Donar, laß uns siegen!»
S: Die haben doch kein Deutsch verstanden!
L: Du hast recht, man müßte das in der Sprache der Germanen sagen.
Darauf kam die Geschichte von der Donareiche zur Sprache:
Vor ungefähr 1300 Jahren kam Bonifatius zu den Germanen. Bonifatius glaubte an Gott-Vater und betete zu ihm durch Jesus Christus. Er war ein Christ. Er wollte den

Germanen zeigen, daß sein Gott der einzige und lebendige ist. Das war keine leichte Sache. Wie die Menschen damals dachten, wird in der Geschichte von der Donareiche geschildert. (Die Geschichte wird gelesen.)

Bonifatius bei den Germanen

. . . Darüber konnte Bonifatius nur lachen. «Euren Donar gibt es gar nicht. Wie könnte er Christus, dem wahrhaftigen Sohn Gottes, auch nur ein Haar krümmen?»
Diese Antwort erzürnte Deorulf so sehr, daß er Bonifatius und seine Gefährten sofort von der Burg weisen wollte. Doch seine Frau hielt ihn zurück. Sie bat ihren Mann, er möge dem Fremden doch eine Gelegenheit geben, seine Worte zu beweisen. Denn der Frau gefiel die Lehre vom Frieden unter den Menschen besser als die Heidenlehre vom Kampf und Rache.
«Er soll es beweisen», riefen auch die anderen. Sie waren überzeugt, daß Donar voller Zorn seinen Hammer auf den Fremden schleudern wird.
Wie aber konnte Bonifatius den Heiden zeigen, daß Christus wirklich mächtiger ist als Donar und alle Götzen zusammen? Denn die Worte allein, das merkte Bonifatius, überzeugten die Germanen nicht. Sie wollten eine Tat sehen.
«Ich werde es euch beweisen», rief er voller Zuversicht. Und im gleichen Augenblick wußte er, was er tun wollte. «Versammelt euch morgen nachmittag bei der Donareiche.»
Vor Schreck erstarrten seine Zuhörer. Die riesenhafte Eiche, die nicht weit von der Burg des Deorulf stand, war dem Donar geweiht. Auf dem Opferstein vor der Eiche brachten sie ihre Blutopfer dar. Am nächsten Tag fanden sich alle bei der Eiche ein. Bonifatius kam mit seinen Mönchen, die Äxte und Sägen trugen.
«Den Baum dürft ihr nicht anrühren», riefen die Leute den Mönchen entgegen.
«Gestern habt ihr mich nach einem Beweis gefragt», sagte Bonifatius ruhig. «Heute will ich euch zeigen, daß Christus mächtiger ist als eure Götzen. Wir werden die Eiche fällen. Wenn es einen Donar gibt, soll er mich strafen.»
«Mit seinem Hammer wird er dich erschlagen», rief ein Mann und schritt in drohender Haltung auf Bonifatius zu. Deorulf

trat vor und sagte: «Wir, unsere Väter und Vorväter, haben hier den Göttern geopfert. Du darfst den Baum nicht fällen.»
«Es gibt nur einen Gott, ihm allein müßt ihr dienen. Er wird mich beschützen.»
Bonifatius schlug die Axt in den Baum. Seine Gefährten kamen ihm zu Hilfe und schlugen und sägten, während die Germanen erregt zuschauten. Allmählich neigte sich die Spitze des Baumes. Die Mönche sprangen zur Seite. Mit mächtigem Getöse fiel die Eiche.
Jetzt, dachten die Germanen, jetzt muß Donars Hammer auf Bonifatius niedersausen. Doch nichts geschah. Der Mönch ging auf den gefällten Baum zu und schlug seine Axt zum Zeichen seines Sieges noch einmal in den Stamm.
«Das gibt Holz für eine Kapelle», sagte er.
Verwirrt zogen die Germanen ab. War der Christengott doch mächtiger als ihre Götter? In den folgenden Wochen arbeiteten die Mönche und erbauten eine Kapelle und weihten sie Petrus. Nach und nach kamen Männer, Frauen, Knaben und Mädchen zu den Gottesdiensten der Mönche und ließen sich taufen.[5]

Das Ergebnis des nun folgenden Gesprächs wird in der Niederschrift sichtbar. Hier nur ein Ausschnitt:
S: Als Bonifatius aber die Eiche gefällt hatte, erkannten sie, daß der Gott des Bonifatius der stärkere war.
S: Sie beteten dann: «Gott des Bonifatius laß uns siegen!»
L: (sehr verkürzt)
So etwas ähnliches ist geschehen.
Gott-Vater haben die Germanen nicht gesagt . . .
Sie waren anders .... Sie brauchten einen mächtigen Gott . . .
Sie sagten vielleicht: Herrscher . . . König . . . Herzog . . .
Jesus stellten sie sich z.B. als Herzog vor, als einen, der vor ihnen herzieht im Kampf.
Ähnlich war es auch bei den Franken.
Das kann man feststellen, wenn man Darstellungen aus dieser Zeit betrachtet.

[5] J. Schwandner – F. Hutterer – G. Voit, Die Vergangenheit lebt, Geschichtsbuch für die Volksschulen, Band I., München 1965, S. 57.

Bildbetrachtung oder Schilderung romanischer Darstellungen.
Niederschrift: Die Geschichte von Bonifatius zeigt, die Germanen haben nur eine andere Religion, aber keinen neuen Glauben angenommen:
Alles, was sie bisher von Donar erwarteten, haben sie nun von ihrem «neuen» Gott gesagt.
Bevor Bonfiatius kam, beteten sie: «Donar, mach uns stark im Kampf, Donar schicke uns den Sieg!»
Nachdem die Germanen die Predigt des Bonifatius gehört hatten, beteten sie: «Gott, allmächtiger Herrscher, großer König, laß uns siegen!»
«Dein Sohn Jesus soll unser Herzog sein und vor uns herziehen!»
Hausaufgabe: Darstellungen des Gekreuzigten aus diesen Zeiten oder eine schriftliche Arbeit. Man könnte auch an andere gestalterische Tätigkeiten denken.

Sechste Stunde

Die bildhaften Darstellungen der Schüler wurden mit dem Epidiaskop gezeigt.
Jeder Schüler konnte zu seinem Werk Erklärungen geben.
L: Wir sind jetzt an der Stelle angelangt, wo wir sagen können: «So haben die Germanen im Krieg gebetet!» Auch unsere Zeit ist voller Kriegsgeschrei. Können wir heute auch noch so beten, weil es bisher so gemacht wurde?
S: Man müßte in der Heiligen Schrift nachsehen.
S: Aber wir haben ja keine.
S: Doch, unser Glaubensbuch.
(Das Buch wird heraufgeholt.)
S: (Die Titelseite veranlaßt einen Schüler und dann die anderen zu der Vermutung:)
Das haben ja die deutschen Bischöfe geschrieben.
L: (erklärt)

Niederschrift: Wenn wir als Christen nach dem Beten fragen, müssen wir in der Heiligen Schrift nachsehen.
Hausaufgabe: Im Glaubensbuch oder in einer «echten» Heiligen Schrift nachschauen, ob sich da etwas über das «Beten» finden läßt.

Siebte Stunde

Diese Stunde brachte für die Klasse eine notwendige Begriffserklärung.
Altes und Neues Testament.
Das wurde mit folgender Akzentuierung geklärt.
Das Alte Testament enthält Geschichten, wie die Menschen vor 2000 bis 4000 Jahren vor unserer Zeitrechnung ihren Gott Jahwe verehrten.
Das Neue Testament läßt uns erkennen, wie die ersten Christen versuchten, die Botschaft von Jesus in ihrem Leben zu verwirklichen.

Achte Stunde

Nach dieser notwendigen Klärung oder Sachinformation wurden die Hausaufgaben besprochen.
Ausschnitt aus dem Unterrichtsgespräch:
S: Auch die Israeliten haben im Krieg gebetet.
(Als Beispiel wird der Durchzug durch das Rote Meer genannt und ähnliche Dinge . . .)
S: Wie paßt aber das zu dem, was Jesus sagt: Du sollst deinen Nächsten lieben wie dich selbst?
S: (zustimmende Bemerkungen)
L: Seid ihr damit einverstanden, wenn wir die Sachen aus dem Alten Testament einmal beiseite lassen. Ich werde sie euch bei Gelegenheit zu deuten versuchen?
S: Ja, und außerdem ist das fast so, wie die Heiden beten.
L: Es scheint, wenn einer die Worte Jesu ernst nimmt:

«Liebe deinen Nächsten!» darf er nie beten ...: (*S.* redet, ohne den *L.* ausreden zu lassen)

S: Gib uns den Sieg, denn da müssen ja die anderen sterben.

L: Wie müßte es denn wohl heißen?

S: Gott, laß uns einig werden!

Gott hilf, daß der Krieg bald aufhört!

Gott, hilf uns den Frieden herzustellen!

S: Würden die Menschen diesen Satz von Jesus ernst nehmen, gäbe es ohnehin keinen Krieg.

S: Es sind nur die hohen Herren und Minister daran schuld, daß es Kriege gibt.

Niederschrift: Wir haben herausgefunden: Wer um den Sieg und die eigene Rettung betet, denkt nur an sich selbst und an das eigene Volk. Das widerspricht aber dem Willen Jesus, der gesagt hat: «Liebe deinen Nächsten!» Er meint damit alle Menschen, nicht nur die zum eigenen Volk gehören. Wie das aber möglich ist, das wissen wir nicht. «Gott, wir bitten dich, laß uns einig werden!» «Gott, hilf uns, daß der Krieg aufhört!»

Neunte Stunde

Die Schüler hatten in der folgenden Stunde ein Problem: Was wir da herausgefunden haben, ist wahrscheinlich richtig. Aber die Forderungen sind in dieser Welt nicht durchführbar. Ich versuchte daraufhin aufzuzeigen, daß es Menschen gegeben hat, die unter Einsatz ihrer ganzen Existenz diese Forderungen zu erfüllen suchten.[6]

[6] Der ganze Unterrichtsverlauf zeigt mir, wie notwendig es wäre, ein fundiertes Modell für die Erziehung zum Frieden zu erarbeiten. Den Schülern aber ist klar geworden: Unser gegenwärtiges religiöses Tun und unser christliches Verhalten sind fragwürdig.

Christian Hübener

Heiligenleben und Heiligenlegenden im Unterricht der Grundschule

Vorbemerkungen

I

Der heutige Mensch steht den Heiligen und der Heiligenverehrung meist mit betonter Zurückhaltung gegenüber. Im Gegensatz zu früheren Jahrhunderten geraten die Heiligen mehr und mehr an den Rand der Aufmerksamkeit. Ida Friederike Görres nennt die Lehre von den Heiligen ein Stück verlorengegangenen Glaubensgutes.[1] Die Innenausstattung moderner Kirchen läßt wenig Raum für Bilder der Heiligen. Bei Durchsicht verschiedener moderner Lehrpläne für den Religionsunterricht stellen wir fest, daß von den Heiligen nur sehr sparsam die Rede ist.
Folgende Gründe für diese Erscheinung können wir unter anderen nennen: der heutige Mensch lebt vielfach so leidenschaftlich gegenwartsbezogen und zukunftsgerichtet, daß er oft blind zu werden scheint für das, was die überkommene Geschichte ihm vor Augen stellt. Heilige werden als Gestalten einer vergangenen Welt verstanden, die der unsrigen kaum mehr etwas zu sagen hat. – Eine radikale Demokratisierung wehrt sich dagegen, Unterschiede zwischen Menschen gelten zu lassen. Zwar hat auch unsere Zeit ihre Vorbilder, ja ihre eigenen Idole, doch führt das demokratische Denken vielfach zu einem Pathos der Gleichheit aller Menschen, das eine Hervorhebung oder gar Verehrung einzelner nur schwer glaubt vollziehen zu können. Eine falsche Stilisierung und Überhöhung der Heiligengestalten im kirchlichen Raum hat

[1] Ida Friederike Görres, Aus der Welt der Heiligen, Frankfurt 1955, S. 111.

diese Haltung vielfach verstärkt. Alexander Mitscherlich schreibt: «Auf Vorbilder wird es auch weiterhin in jeder menschlichen Gesellschaft ankommen; die, nach denen wir suchen, müssen Ähnlichkeit mit uns haben. Sie müssen die Spuren unserer Sorgen und Nöte verraten.»[2] – Das gegenwärtige religiöse und theologische Leben ist gekennzeichnet von einer starken Konzentration auf die wesentlichen Fragen. Die liturgische und die biblische Bewegung haben den Blick auf das Zentrum der christlichen Botschaft gerichtet. Der Mensch heute ist so sehr von zentralen Fragen des Glaubens beansprucht, daß ihm vielfach keine Kraft und Aufmerksamkeit mehr zu bleiben scheint, auch peripherere Wahrheiten zu bedenken und lebendig zu halten. – Die Heiligenverehrung ist endlich bis heute ein empfindlicher Streitpunkt zwischen den christlichen Kirchen. Zumal in den deutschen evangelischen Kirchen wird jede Heiligenverehrung leidenschaftlich abgelehnt.[3] Die in der katholischen Kirche seit Jahrhunderten übliche kirchenamtliche Kanonisierung bestimmter Heiliger stößt auf Unverständnis. So sehen sich viele katholische Christen gedrängt, aus Solidarität mit den evangelischen Christen die Lehre von den Heiligen und deren Verehrung zurücktreten zu lassen.

Nun ist die Verehrung der Heiligen ein Faktum von solcher Vielseitigkeit und geschichtlicher Fülle, daß schon von da her gefordert werden kann, dieses Faktum zur Kenntnis zu nehmen und zu bedenken. Das gottesdienstliche Leben der Kirche ist hier freilich von größerer Fülle und Lebendigkeit als die theologische Reflexion. Bis heute fehlt ein Traktat, der ausdrücklich eine Lehre von den Heiligen vorlegt.[4]

Das Neue Testament hat alle Menschen Heilige genannt, die durch Christus erlöst sind. Die Gemeinde Jesu ist eine

[2] Alexander Mitscherlich, Die Idee des Friedens und die menschliche Aggressivität, Frankfurt 1969, S. 104.

[3] Siehe aber: Walter Nigg, Große Heilige, Zürich 1955; Gisbert Kranz, Heiligenleben als Bildungsgut, Paderborn 1965, S. 37–40; S. 104–110.

[4] Karl Rahner, Schriften zur Theologie, III, Einsiedeln 1956, S. 111–126; Schriften zur Theologie, VII, Einsiedeln 1966, S. 283–312.

Gemeinde der Heiligen. Darüber hinaus aber war von Anfang an der Blick der Glaubenden nicht nur auf den Herrn und sein Wort gerichtet, sondern Gottes Handeln wurde aufmerksam beachtet und gepriesen in den Menschen, in deren Leben Gottes Kraft fruchtbar wurde. So spricht das Neue Testament – um nur einen zu nennen – von Stephanus, der in der Nachfolge Jesu sterbend für seine Verfolger zu beten vermochte. Es wäre ein falscher Biblizismus, wenn wir nur auf die Urkunden der Schrift achteten, darüber aber vergäßen, daß die Heiligen als lebendige Schriftauslegung verstanden werden können; was die Bibel meint, läßt sich immer wieder auch an lebendigen Gestalten verdeutlichen. «Die Heiligen sind die Horizontale der christlichen Frömmigkeit und sind als solche nicht aus ihr wegzudenken.»[5] So hat die Kirche von Anfang an das Bild derer lebendig gehalten, deren Leben fruchtbar wurde in der Gemeinde. Zahlreiche Heilige sind darüber hinaus zu Schöpfern eines jeweils neuen christlichen Stils geworden. Sie sind nicht nur Träger heroischer Tugenden, sondern haben durch ihr Leben und ihre Lehre dem geschichtlichen Weg der Kirche eine besondere Prägung gegeben. Als Initiatoren einer bestimmten Spiritualität sind sie eingestiftet in die Geschichte der kommenden Zeit. Sie bestimmen für alle Zeit das Bild des Christentums mit. Ein Glaubens- und Religionsverständnis ist nicht denkbar, das grundsätzlich davon absehen könnte, daß es einmal einen Augustinus, einen Benedikt, Franziskus, Ignatius, Thomas Morus gegeben hat.

Im Raum des Evangeliums läßt sich auch nicht grundsätzlich der eine Mittler gegen die vielen Vermittler ausspielen. Gerade das Evangelium macht ja sichtbar, daß Menschen eine Gemeinschaft bilden, die davon lebt, daß die einzelnen ihre Gaben miteinander austauschen. Mag die einzelne Heiligengestalt sehr relativ sein, ja mag die Lehre von den Heiligen selbst in der Rangordnung der Glaubenswahrheiten einen relativen Platz haben – die Heili-

[5] Josef Ratzinger, Einleitung zur Konstitution über die Kirche, Münster 1965, S. 17.

gen sind dennoch ein «unerläßliches Stück des Daseinsvollzuges der Kirche selbst.»[6]
Eine Hinführung zu den großen Gestalten der Tradition vermag deutlich zu machen, wie sehr wir Menschen auch im Geistigen und Religiösen nicht autark sind, sondern aufeinander angewiesen sind, von anderen leben. Es kann in allen Bereichen des Menschen gezeigt werden, wie sehr wir wegweisende und bahnbrechende Gestalten nötig haben. Auch heute verdichtet sich das, was uns angeht, immer wieder in wesentlichen, verbindlichen Gestalten. Wenn deren Leben zum Sprechen gebracht wird, spricht es meist mächtiger und unmittelbarer an, als dies Worte der Lehre und der Mahnung allein vermögen.
Heilige im Unterricht bedenken heißt nicht, daß wir Heiligkeit und verbindliche Verwirklichung des Menschseins nicht suchen und finden sollten außerhalb der Kirche. Der Religionsunterricht wird die Aufgabe haben, über den Kreis der eigenen Kirche hinaus Gestalten anderer Kirchen und Religionen ausdrücklich einzubeziehen. Wir nennen Gandhi, Albert Schweitzer, Dietrich Bonhoeffer, Dag Hammarskjöld.[7]
So sind große Gestalten der Vergangenheit und Gegenwart keine dekorativen Randfiguren, sondern ihr Leben kann höchst beunruhigend sein und helfen, wach zu werden für die Verantwortung in der je neuen geschichtlichen Stunde. Das Wissen um die Vielfalt der Heiligen führt wie kaum ein anderer Weg hin zu einem Wissen um die Vielfalt göttlicher Wege und Berufungen.
Wenn ein Lehrer Heiligengestalten in seinen Unterricht einbeziehen will, kann er dies nur tun, wenn er selbst ein Betroffener ist. Ein guter Weg ist es, sich im Lauf der Zeit einige wenige Gestalten gründlich zu erschließen. Der Lehrer sollte den Mut haben, persönliche Schwerpunkte zu setzen, Gestalten zu wählen, zu denen er selbst einen Zugang gefunden hat. Er wird freilich Sorge tragen müs-

[6] Karl Rahner, Schriften, III, S. 113.
[7] Eine Beispielsammmlung bietet das Bändchen von Otto Betz, Das Wagnis mit der Welt, München 1965.

sen, auch objektive Kriterien in diese Entscheidung einzubringen. Eine ausführliche Beschäftigung mit der einen und anderen Gestalt führt weiter als eine oberflächliche Kenntnisnahme einer größeren Anzahl von Heiligengestalten.

II

Aspekte des Grundschulunterrichts

1. Wer in der Grundschule Heiligenleben vorstellen will, muß bedenken, daß dem Kind ein spezifisches Geschichtsbewußtsein noch fehlt. Das Kind lebt in einem unmittelbaren, ungebrochenen Verhältnis zur Gegenwart. Was Vergangenheit bedeutet, bleibt ihm lange undeutlich. Nur langsam entdeckt es am eigenen Lebensrhythmus, an der Wiederkehr bestimmter Feste, am Wechsel der Jahreszeiten die Zeitperspektive. Diese Entdeckung ist weitgehend abhängig von der Atmosphäre der Familie, die heute vielfach einen lebendigen konkreten Bezug zur eigenen Geschichte verloren hat. So bleibt die Dimension der Zeitlichkeit dem Kinde weitgehend verborgen, erst gegen Ende der Hauptschulzeit entdeckt das Kind, wie alles Geschehen in einen zeitlichen Gesamtzusammenhang eingebunden ist.
Die Schule führt das Kind ein in die Fülle der konkreten Welt. Die zweite Hälfte der Grundschulzeit, die sogenannte realistische Phase der hohen Kindheit, ist gekennzeichnet von einem leidenschaftlichen Drang, sich die Welt zu entdecken. «Vom Erlebbaren ausgehend strekken Kinder gleichsam Fühler nach dem Vergangenen aus. Sie betrachten eine Brücke mit einer Jahreszahl, ein Denkmal, einen alten Grabstein, ein Fachwerkhaus mit einem Hausspruch, einen Grenzstein, eine Kirche, der man es anmerkt, daß jahrhundertelang an ihr gebaut wurde, und nun stellen sie ihre Fragen.»[8] Erst die Puber-

[8] Otto Betz, Frag-würdigkeiten, München 1967, S. 115.

tät entfaltet ein neues Verhältnis zur Geschichte. Das Schwimmen im Fluß der Zeit wird als Bodenlosigkeit erfahren, nur mühsam findet der junge Mensch einen neuen Stand. Langsam öffnen sich auch die Tiefen des eigenen Seelenlebens, die Dimension des Psychologischen erschließt sich, die vorher nur latent vorhanden war. Erst jetzt wächst das Verständnis für die Motive handelnder Personen.[9]

2. Dem Kind der Grundschule fehlt ein tieferes Verständnis für das Wesen der Geschichte, es vermag kaum über psychologische Gegebenheiten zu reflektieren. Was das Kind der Grundschule aber auszeichnet, ist ein ungebrochenes, naives Verhältnis zum Bildhaften und Anschaulichen. Was an Reflexionsgabe noch fehlt, wird aufgewogen durch die Empfänglichkeit des Schauens, die den meisten Menschen später mehr oder weniger verlorengeht. Gustav Siewerth sagt von dem Kind: «Es lebt in nicht steigerungsfähiger Vollendung in einer anschaubaren Welt, und die Wesen grüßen es mit der Kraft ursprunghaften Aufgangs. Nur weil uns das Einfache dieses Geschehens etwas Gewohntes und Gewöhnliches, ja über unserer Rechnerei und verbalen Begrifflichkeit etwas Unbeachtetes und Vergessenes geworden ist, halten wir das schauende Leben des Kindes für etwas Belangloses ... Das Kind ist unzerspaltenes Leben, das weder in Schichten noch in Fähigkeiten geschieden und auseinandergefaltet ist, sondern in der beschwichtigten Ruhe des Herzensgrundes webt und waltet.»[10]

Diese «Schaukraft des kindhaft Einfältigen» wird deutlich in der Empfänglichkeit der Kinder für Märchen. Einlinig und flächenhaft, ohne psychologische Überlegungen, stellt das Märchen ein Stück Welt vor, wenige typische Gestalten handeln. Zum Verständnis der Märchen muß bedacht werden, daß sie ursprünglich nicht Kindern zugedacht waren, sondern für Erwachsene uraltes Traditionsgut, Erfahrungswissen zur Sprache bringen. A. Jol-

[9] Siehe dazu Heinrich Roth, Kind und Geschichte, München 3/1962.
[10] Gustav Siewerth, Metaphysik der Kindheit, Einsiedeln 2/1957, S. 34.

les zählt die Märchen zu den einfachen Formen, in denen die Sprache «ein Stück Welt ergreift und in einer Form bündig macht.»[11]
Vielfach sah man die Aufgabe der Schule darin, die Phase des Märchenalters möglichst rasch zu überwinden, auch die religiöse Unterweisung sah im Märchen eine Literatur, die religiösem Verständnis eher hinderlich ist. Heute wird das Märchen vielfach anders gewertet. Man erkennt seine wichtige Funktion in der Hinführung zum Verstehen religiöser Wirklichkeit. Denn «das Kind in dieser Phase kann etwas Wichtiges: es kann noch Bilder verstehen, es kann sie auch – nicht rational, sondern intuitiv – durchsichtig werden lassen auf eine andere Ebene hin».[12] Darum wird die Schule immer wieder Märchen hören lassen, dieses Hören und Schauen aber begleiten mit verständnisvoller Führung. Sicher wird es von der Arbeit späterer Jahrgänge abhängen, ob die Offenheit für die Wahrheit der Märchen dem Heranwachsenden erhalten bleibt.
Was vom Märchen gilt, kann entsprechend auch von der Legende gesagt werden. Im Gegensatz zum Märchen, das eine sehr unbestimmte Relation zur Vergangenheit als geschichtliche Wirklichkeit hat, steht die Legende in einem engeren Bezug zur Geschichte. Sie erzählt in der Gestalt einer anschaulichen Erzählung von der Bedeutsamkeit einer Gestalt oder eines Ereignisses. Dabei werden die Fakten oftmals umgebildet und verklärt.[13] Maßstab der Aussage ist nicht die historische Wahrheit, sondern die «fortwirkende Geschichtsmächtigkeit».[14] So erfährt eine Gestalt oder ein Ereignis meist erst im Nachhinein eine legendäre Fixierung. Das Nachsinnen der späteren Generationen deutet sich das Geschehen in einem anschaulichen, bündigen Bild. Daher wollen Legenden

[11] Wolfgang Kayser, Das sprachliche Kunstwerk, Bern/München 11/1965, S. 351.
[12] Otto Betz, Stationen des Glaubens, Freiburg 1965, S. 41.
[13] W. Böhne, Art. «Legende» in: Lexikon für Theologie und Kirche, Freiburg 2/1961, Band 6, S. 876–878.
[14] Wilhelm Stählin, Auch darin hat die Bibel recht, Stuttgart 3/1966, S. 17.

nicht Fakten zur Kenntnis bringen, sondern sie wollen erschaut sein wie ein er-innertes Bild. «Der Wert der Legende liegt nicht im Historischen oder Psychologischen, sondern im Symbolischen. In ihnen sind Glaubenserfahrungen und übernatürliche Wirklichkeiten ins Bild gebannt.»[15] Viele legendäre Erzählungen bleiben daher auch aktuell und gültig, unabhängig von der Antwort auf die geschichtliche Frage. Die Legende kann sich weit von den geschichtlichen Fakten entfernen, ja es kann geschehen, daß solche Erzählstücke sich um Gestalten ranken, deren Historizität selbst fraglich ist. Das ist sicher bei der Georgslegende der Fall, wohl auch bei der Christophoruslegende. Bei anderen, so zum Beispiel bei Martin, Elisabeth und Franziskus, ist der Zusammenhang mit der geschichtlichen Wirklichkeit enger und überschaubarer. Wir legen als Beispiel einen kurzen Abschnitt aus der Christophoruslegende vor, von der wir glauben, daß sie in der Grundschule sehr wohl betrachtet und bedacht werden kann.[16]

Christophorus, der nur dem Mächtigsten dienen will, verläßt den einen und anderen Herrn. Endlich ist er auf dem Wege, Christus zu suchen. Ein Vorübergehender weist ihn an einen Einsiedler. Die Legende fährt wörtlich fort:

«Was muß ich tun, um Jesus Christus zu sehen?» fragt Christophorus den Einsiedler.

«Du mußt fasten!» entgegnet der Einsiedler.

«Fasten?» antwortet Christophorus, «das kann ich nicht. Gib mir einen Rat. Ich kann nicht fasten.»

Der Einsiedler nennt andere fromme Übungen.

«Unmöglich,» sagt Christophorus, «zu all diesen Dingen bin ich unfähig.»

«Höre», beginnt der Einsiedler wieder, «siehst du den gefährlichen Fluß dort unten? Die Leute, die ihn zu durchschreiten versuchen, verlieren oft ihr Leben dabei.»

«Ich sehe ihn», erwidert Christophorus.

[15] Gisbert Kranz, a.a.O., S. 49.

[16] Vgl. die ausführlichere Zitation der Legende und deren unterrichtliche Verwertung bei Roswitha Mink, Betrachtung des Bildes St. Christophorus, in: Das Bild im Religionsunterricht, hrg. v. G. Stachel, Unterweisen und Verkünden, 12, Zürich 1971.

Der Einsiedler darauf: «So laß dich an seinem Ufer nieder. Dein ungeheurer Wuchs und deine gewaltige Kraft werden dich instand setzen, die Reisenden von einem Ufer zum andern zu tragen. Sei jedermanns Diener, so wirst du den König Jesus Christus sehen.»
«Ja», sagte Christophorus, «das kann ich tun und das will ich tun.»
Er ließ sich am Ufer des Flusses nieder, baute sich eigenhändig eine Hütte dort und nahm eine lange Stange als Stab. Indem er sich mit Hilfe dieser Stange im Wasser aufrecht hielt, trug er die Reisenden von einem Ufer zum andern.
So verging sein Leben. Er war jedermanns Diener.

Der Text ist unmittelbar verständlich, das Geschehen kann vom Kind gleichsam mit einem Blick überschaut werden. Die Sprache ist einfach, sie prägt sich leicht ein und wird bei wiederholtem Lesen und Sprechen bald erinnert.
Mit Hubertus Halbfas wäre ein Religionsbuch für Kinder zu fordern, das neben biblischen und dichterischen Texten solche Erzählungen aus dem Leben und der Legende der Heiligen zusammenstellt. Sicher kann in ein solches Lesebuch Aufnahme finden die Martinslegende, die Erzählungen, die sich um den heiligen Nikolaus gebildet haben, der Bericht von der Bekehrung des heiligen Augustinus, die Legenden um die Heilige Elisabeth von Thüringen. Aus dem Kranz der Franziskuslegenden eignet sich sicher die Geschichte vom Wolf von Gubbio, vielleicht auch das Gespräch des Heiligen mit dem Bruder Leo über die vollkommene Freude. Auch Kinder werden das Paradoxe dieses Gespräches erfahren und betroffen sein. Schließlich wird auch der Erwachsene nicht sofort an das Ende eines Verstehensprozesses gelangen, sondern sich mit dem, was hier gesagt ist, immer wieder auseinandersetzen müssen. Ein Unterricht, der solche Texte vorlegt, rechnet ausdrücklich damit, daß diese Bilder über die erste Mitteilung des Informatorischen hinaus im späteren Leben bei dem einen und anderen sich in tieferen Dimensionen erschließen. So ist es sicher sinnvoll,

das Lied «Sah ein Knab ein Röslein stehn» schon in der Grundschule vorzustellen, auch wenn erst der Erwachsene den hintergründigen Sinn voller zu erfassen vermag. Das Märchen vom Dornröschen erzählen wir den Kindern, aber nach vielen Lebenserfahrungen wird man später das Märchen anders hören. Ein Unterricht, der Legenden vorzulegen wagt, versteht sich nicht allein als Hinführung zu kritischem Denken, sondern er läßt auch das rezeptive Denken zu seinem Recht kommen. Von ihm kann entsprechend gesagt werden, was Leopold Ziegler einmal vom tauchenden Verfahren des Yoga ausgeführt hat. In seinem Buche «Das Lehrgespräch» sagt er, daß von den im Bewußtsein vorgefundenen Inhalten der eine und andere ausgewählt und abgesondert, dann aber ins Unbewußte eingetaucht und versenkt wird «vergleichsweise, wie der Angler einen Köder ins Wasser wirft mit der Erwartung, die Fische würden anbeißen. Einem solchen Köder also ähnlich wird im Yoga ein jeweils ausgewählter, jeweils abgesendeter Bewußtseinsinhalt in die unmittelbar nicht zugängliche Seelentiefe hinabgelassen, um hier alles ihm Art- und Sinnverwandte, alles ihm Zugehörige und Entsprechende an sich zu ziehen.»[17]
Hubertus Halbfas sagt von solchen Texten: «Es geht noch nicht um Einübung reflektierenden Verstehens, ... sondern um sprachliche Kleinformen, die aus kindlichen Kategorien heraus gedacht und gestaltet wurden, und dennoch mit einer ‹Kindlichkeit jenseits der Schultür› (James Krüss) überraschen, so daß ihre Unmittelbarkeit dem Kinde wie dem Erwachsenen Freude bereitet ... Im Umgang mit Sprichwort und Rätsel, Bild, Metapher, Lied und Vers, Legende, Märchen und Sage gewinnt das Kind Verständnis für Wahrheiten, die hinter der sinnlichen Außenseite dichterischer Bilder stehen, und kommt damit auf einen Weg der Sprache, von dem wir wünschen, daß es ihn nie mehr verläßt, weil es der Weg der Wahrheit ist.»[18]

[17] Leopold Ziegler, Das Lehrgespräch, Hamburg 1956, S. 166.
[18] Hubertus Halbfas, Fundamentalkatechetik, Düsseldorf 1968, S. 228 f.

3. Eine Darstellung von Heiligenleben in der Grundschule ist immer auch an eine diesen Unterricht begleitende Bildbetrachtung verwiesen. Gisbert Kranz hat eine Reihe von Bildern und Bildserien zusammengestellt, von denen viele auch in der Grundschule Verwendung finden können.[19] Es ist nicht einzusehen, daß wir den Kindern bis heute meist die großen Werke unserer Überlieferung vorenthalten. Je größer die Aussagekraft eines Bildes ist, umso mehr kann schon ein Kind ihnen begegnen, umso mehr vermögen sie es, den Menschen auf seinem Weg zu begleiten, weil sie die Fähigkeit haben, sich immer neu zu erschließen. Kurt Frör spricht davon, daß es viele Bilder gibt, die die Eigenschaft haben, mit den Altersstufen gleichsam mitzuwachsen.[20] Wenn es richtig ist, daß die zuerst erschauten Bilder am tiefsten in der Seele lebendig sind, ist die Verantwortung groß, gerade für die ersten Klassen das Wertvollste und Echteste zu wählen.
Bei solchen Bildbetrachtungen kommt es nicht so sehr auf ausdrückliches Unterrichten an, sondern darauf, daß die Kinder mit einem Bild leben, daß sie sich an ihm freuen, über das Bild sprechen, vielleicht auch in einer katechetischen Feier einen Zugang zu ihm finden. Entscheidend ist nicht, daß den Kindern viel erklärt wird, sondern daß die Kinder sehen und schauen lernen.
4. Die Frage nach der geschichtlichen Wahrheit macht viele Lehrer heute unsicher und befangen, wenn sie vor der Aufgabe stehen, biblische Texte zu deuten oder auch Heiligenlegenden vorzustellen. Zunächst ist dem Lehrer die Aufgabe gestellt, die anstehenden Fragen für sich selbst aufzuarbeiten, damit er sicher weiß, wovon er im Unterricht redet. Literarhistorische Fragen kann er im Unterricht der Grundschule sicher nicht als eigenes Thema aufgreifen. Immer aber muß er bedacht sein, daß bei den Kindern nicht der Eindruck entsteht, daß das in den ersten Schuljahren Gebotene «nicht stimmt», später also

[19] Gisbert Kranz, a.a.O., S. 144–146.
[20] Kurt Frör, Zeichnung und Bild im Religionsunterricht, München 4/1966, S. 262.

zurückgenommen, uminterpretiert oder auch nur eingeschränkt werden muß.
Schon der Anfangsunterricht hat im Hinblick auf nötige kritische Informationen mehr Möglichkeiten als allgemein angenommen wird. Nicht immer können wir wohl den verhängnisvollen Einbruch rationalistischer Fragestellung verhindern, die bei unseren Kindern oftmals zu einer frühen Verdrängung religiöser Erfahrungen führt. Die Weise unseres Umgangs mit Texten und Bildern vermag aber doch immer wieder den Kindern die Erfahrung zu vermitteln, daß es neben dem massiven Realismus, der nur nach Fakten fragt, auch andere sinnvolle Fragestellungen gibt, die der Mensch nicht ohne Gefahr für sein Menschsein aus dem Auge verlieren darf. Der Religionsunterricht muß aufmerksam achten darauf, was in dieser Hinsicht in den anderen Fächern, im Gesamtunterricht geschieht. Oftmals bleibt ihm leider allein die Aufgabe gestellt, die vielfältigen Weisen menschlichen Sprechens und Verstehens den Kindern offen zu halten.
Eine kurze Rahmenerzählung, in der die Entstehung eines Textes oder Bildes angesprochen wird, kann vielen Mißverständnissen wehren und die Kinder auf den rechten Weg weisen, ohne daß viel grundsätzlich erklärt und reflektiert wird.
Nicht zuletzt ist es auch eine Frage, ob es dem Lehrer gelingt, das eine und andere Heiligenleben, ein Legendenstück in den Zusammenhang einer größeren, die Einzelstunde umgreifenden Zusammenhang zu stellen. Gerade von einem Unterricht, der in größeren Einheiten konzipiert ist, kann erwartet werden, daß die Kinder immer wieder den rechten Hinblick auf ein Heiligenleben oder eine Heiligenlegende einüben.
Grundsätzlich sollte sich der Unterricht immer die Aufgabe stellen, deutlich zu machen, daß kritisches und besinnlich-rezeptives Denken nicht gegeneinanderstehen und einander ausschließen.

III

Zur Unterrichtskonzeption

Ein an Lernzielen orientierter Religionsunterricht wird die ausgewählten Heiligengestalten und Legendenstücke immer in einen Zusammenhang stellen, in denen die einzelnen Teilziele von einem umfassenden Endziel her konzipiert werden. Die Einzelstunde und die jeweiligen Unterrichtsschritte erhalten ihren Wert aus ihrer Funktion für die Erreichung des Endzieles.[21]

Für den konkreten Einbezug von Heiligengestalten und Legenden können wir folgende drei Möglichkeiten nennen:

1. Innerhalb einer Unterrichtseinheit, die einem größeren Gesamtthema gewidmet ist, wird eine Szene aus dem Leben eines Heiligen, beziehungsweise seiner Legende, als Anschlußstoff beziehungsweise Beispielstoff verstanden.

Unter dem Gesamtthema «Wie beten Menschen zu Gott?» kann so, nachdem die konkreten Erfahrungen der Kinder gesammelt und bedacht worden sind, eine Darstellung der Berufungsgeschichte des Moses (Exodus 3) folgen.

Eine Unterrichtseinheit «Ich lebe mein Leben» im dritten oder vierten Schuljahr kann sehr glücklich durch die oben angeführte Legende des Christophorus ergänzt werden, da dieser Text anschaulich macht, was es bedeutet, daß der Mensch seinen je eigenen Weg finden muß.

2. Die eine und andere Heiligengestalt kann schon in der Grundschule zum Inhalt einer eigenen Unterrichtseinheit gewählt werden. Hier wird ein Heiliger nicht unter einem besonderen Aspekt betrachtet, sondern es wird versucht, über mehrere Stunden hinweg ein Leben nach seinen verschiedenen Dimensionen zu durchleuchten. Ein solcher Unterricht wird wohl nur besonders hervortretende

[21] Horst Heinemann/Günter Stachel/Siegfried Vierzig, Lernziele und Religionsunterricht, Unterweisen und Verkünden 11, Zürich 1970, S. 31.

Gestalten wählen, vielleicht den jeweiligen Patron einer Kirche, einer Gemeinde oder eines Landes. Neben Franziskus, den wir an erster Stelle nennen wollen, eignen sich wohl das Leben des Martin von Tours, der Elisabeth von Thüringen, des Pater Damian de Veuster, der Hildegard von Bingen, vielleicht auch Bonifatius. Auch Menschen der unmittelbaren Gegenwart können vorgestellt werden, wenn dies ohne allzugroßes geschichtliches und psychologisches Hintergrundwissen möglich ist. Gestalten der unmittelbaren Gegenwart haben freilich meist noch nicht ein solch bündiges Bild gefunden, wie dies manchen Gestalten der Vergangenheit zuteil geworden ist.

3. Endlich können die Heiligen selbst in ihrer Vielfalt Thema einer Unterrichtseinheit werden. In der Grundschule kann eine solche Einheit anknüpfen am Fest Allerheiligen. Es empfiehlt sich, eine kleine Reihe nebeneinanderzustellen, um dann das Gemeinsame herauszuarbeiten. Ziel einer solchen Unterrichtseinheit könnte sein, einmal über das Fest Allerheiligen zu informieren, ein Verstehen anzubahnen für den Heiligen und seine Bedeutung für die Kirche, endlich auch die Wahrheit zu vermitteln, daß Gottes Wirken in den Menschen vielfältig ist. Gerade zu diesem Thema lassen sich aus der Fülle der christlichen Bildtradition viele und gute Beispiele heranziehen.

Wir legen im folgenden eine Unterrichtseinheit vor, die dieser dritten Konzeption folgt.

IV

Unterrichtsmodell:
Die Heiligen sind Freunde Gottes und Licht der Menschen

Vorbemerkungen:

Das nachfolgende Unterrichtsmodell stellt den Versuch

dar, den Kindern die Heiligen allgemein und grundsätzlich darzulegen. Die Unterrichtseinheit ist auf drei Stunden geplant: einer allgemein einführenden Stunde folgen je eine Stunde über das Leben des Martin von Tours und der Elisabeth von Thüringen. Die beiden folgenden Stunden nehmen das Thema der ersten Stunde ausdrücklich und betont auf: Heilige sind Licht für die Menschen.
Die Unterrichtseinheit wurde im Rahmen eines Fachpraktikums zusammen mit Studenten gehalten. Die Stunden fielen in den November, doch wurde nicht ausdrücklich Bezug genommen auf den Allerheiligentag. Im darauffolgenden Dezember folgten drei Stunden, die unter dem Thema «Jesus, das Licht der Welt» an diese erste Unterrichtseinheit anknüpften und zum Weihnachtsfest hinzuführen suchten.
Die Klasse setzte sich zusammen aus etwa vierzig Mädchen des dritten Schuljahres. Die Kinder sind willig zur Mitarbeit, die Mentorin führt den Unterricht sehr frei, aber souverän. Die Gemeinde, aus der die Kinder kommen, zählt etwa 2000 Einwohner, sie hat bis heute stark ländlichen Charakter, wurde vor kurzem von der Stadt Worms eingemeindet. Der Ort ist fast geschlossen katholisch und hat ein reges, traditionell bestimmtes Gemeindeleben. Daher sind entsprechende Kenntnisse zu erwarten, sowie ein Verwurzeltsein in zahlreichen überkommenen religiösen Lebensformen.
Der Unterricht beginnt mit einer Themenangabe der beiden folgenden Unterrichtseinheiten. So soll versucht werden, die Reihe der kommenden Stunden für die Kinder in einen inneren Zusammenhang zu stellen. Die spätere kritische Rückbesinnung ergab, daß dies – auch aus organisatorischen Gründen – wenig gelungen ist.

Die Stunde[22]

«Wir beginnen heute mit einer Reihe von Religionsstunden, die wir als Gäste in eurer Klasse halten wollen. Jede Woche werden wir einmal zu euch kommen. Wir haben uns ein Thema ausgedacht, das uns bis Weihnachten beschäftigen soll: wir Menschen können Licht für andere sein – wir kennen Menschen, die für uns alle die Welt ein wenig heller gemacht haben – am Ende, vor Weihnachten, wollen wir sprechen von Jesus, den die Bibel das Licht der Welt nennt.»

«Vor jetzt mehr als dreihundert Jahren hat ein Baumeister in Rom einen Platz erbaut, den viele Menschen für den schönsten Platz der Welt halten. Nachdem die große Peterskirche fertiggestellt war, machten sich die Menschen Gedanken, wie man den Vorplatz gestalten könnte. Der Baumeister ließ zwei große runde Säulenreihen aufstellen, die wie zwei mächtige Arme den Platz rechts und links begrenzen. Vorn sind diese Säulenreihen mit der gewaltigen Kirche verbunden, droben sieht man die große Peterskuppel. Oben auf den Säulenreihen rund um den Platz hat der Baumeister eine große Zahl von Steinfiguren aufstellen lassen, zusammen sind es mehr als 150, jede Figur ist etwa drei Meter hoch. Vorn in der Mitte, auf dem Dach der Kirche, steht Jesus mit Maria und einigen Aposteln.» (Den Kindern wird eine Ansicht des Petersplatzes gezeigt, an der Tafel entsteht eine kleine schematische Zeichnung.)

«In einer großen Kirche unseres Landes, in Köln am Rhein, haben andere Baumeister etwas Ähnliches gemacht. Ich habe hier ein großes Bild vom Innenraum des Kölner Domes. Wenn ihr genau hinschaut, könnt ihr dort etwas Ähnliches entdecken: auch hier sind rundum an den Säulen Gestalten aufgestellt, die zusammen eine

[22] Leider existiert kein Protokoll und keine Bandaufnahme von dieser Stunde. Wir beschränken uns deshalb darauf, die großen Schritte darzustellen.

Reihe, man sagt auch: eine Galerie ergeben. Schaut euch dieses Bild einmal in Ruhe an. Wir wollen beide Bilder für einige Zeit in eurer Klasse aufhängen, damit ihr sie später noch betrachten könnt.
Was haben die Baumeister in Rom und in Köln wohl damit gewollt, solche Figuren in einem Kreis zusammenzustellen? Ihr könnt euch sicher denken, was das für Menschen sein sollen!»
«Das sollen Heilige sein, die dort aufgestellt sind.»
«Überlegt einmal, wer dort aufgestellt sein könnte!»
(Die Kinder nennen eine ganze Reihe von Namen. Es fällt auf, daß zunächst Namen genannt werden, die sich auch in den Vornamen der Kinder der Klasse finden. Die Kinder ergänzen die Namenreihe weiter unter diesem Aspekt. Ein Mädchen nennt den Engel Gabriel, einige andere nennen Namen aus dem Alten Testament, die dann auch weiter ergänzt werden.)
«Habt ihr in eurer Gemeinde einen Heiligen, den ihr hier besonders kennt und verehrt?»
(Erst nach weiteren Zusatzfragen kommen die Kinder darauf, den Patron der Ortskirche, den Heiligen Bonifatius zu nennen.)
Erster Gedankenkreis: Was bedeutet es, einen Menschen heilig zu nennen.
«Wir haben eben diese Menschen, deren Namen wir auf der Tafel festgehalten haben, Heilige genannt. Was bedeutet es eigentlich, wenn wir einen Menschen so nennen?»
(Die Kinder zögern, es fällt ihnen schwer, auf diese Frage begrifflich zu antworten. Aber über die Benennungen «Heilige Messe», «Heiliger Vater», «Heiliges Land» und schließlich das «Heilig, heilig, heilig, bist du, Herr, Gott der Heerscharen» kommen sie zur Erkenntnis, daß alles Heilige etwas mit Gott zu tun hat.)
«Wenn wir von einem Menschen sagen, daß er heilig ist, so sagen wir dies deshalb, weil Gott ihn liebhat und er Gott nahe ist. Heilige stehen Gott besonders nahe. Wir können auch mit den Worten eines alten schönen Liedes

sagen: Heilige sind Freunde Gottes. Wir wollen uns das einmal aufschreiben.»

«Schaut noch einmal auf unsere Bilder! Was können wir dort sehen?»

(Die Kinder erarbeiten: dort stehen Männer und Frauen, Alte und Junge. Manche tragen Kronen, das sind Könige. Andere haben Bischofsmützen auf dem Kopf. Der eine und andere trägt die Krone des Papstes.)

Zweiter Gedankenkreis: Die Heiligen sind ein Licht für die Menschen

«Wir haben vorhin gesagt: Menschen können ein Licht für die andern Menschen sein. Kann man das sagen, daß Menschen füreinander Licht sind, daß sie die Welt einander hell machen?»

(Die Kinder schweigen, es fällt ihnen schwer, das Bildwort zu begreifen und sich auszudrücken. Für einige Zeit bleibt es ganz still. Dann kommt Mozart uns zu Hilfe. Die Klassenlehrerin hatte mit den Kindern kürzlich von Mozart gesprochen. Sie hatte Musik von Mozart mitgebracht und mit den Kindern Mozart gehört. Offenbar waren die Kinder beeindruckt, denn sie meinen, daß Mozart vielen Menschen Freude macht und deshalb Licht für die andern Menschen ist.)

«Mozart hat sehr viele, fröhliche Musik geschrieben. Die Menschen haben diese Musik immer gern gehört, immer wieder sind sie ins Konzert und in die Oper gegangen, um Mozarts Musik zu hören. Heute können alle Menschen am Radio oder mit dem Plattenspieler die Musik von Mozart hören. Von ihm können wir sicher sagen: er hat durch seine Musik viel Freude in die Welt gebracht. Wir können auch sagen: Mozart hat durch seine Musik die Welt heller gemacht. Er ist ein Licht für die Menschen.»

(Von hier machen wir den Schritt zu den Heiligen, die als gute Menschen leuchten und so Licht für die andern sind.)

«Wir alle kennen Menschen, bei denen wir gern sind. Wir freuen uns, wenn sie zu uns kommen, wir gehen gern zu ihnen. Sie machen unser Leben froh und hell. Neulich hörte ich eine Mutter zu ihrem kleinen Kind sagen: ‹Du bist mein Sonnenschein.› Das hat sie gesagt, weil sie das Kind sehr gern hat, weil das Kind für sie eine große Freude ist.

Gute und heilige Menschen machen unser Leben hell. Manchmal leuchten Menschen so, daß nicht nur die Nachbarn und Freunde dies merken, sondern die Menschen einer ganzen Stadt, ja eines ganzen Landes. In den zwei kommenden Stunden wollen wir von zwei Heiligen sprechen, die durch ihr Leben die Welt heller gemacht haben: vom Heiligen Martin und von der Heiligen Elisabeth.

Martin lebte als Bischof drüben in Frankreich. Nach seinem Tode erzählten sich die Menschen viel von seinem Leben. Überall wurden Kirchen auf seinen Namen gebaut. In Mainz steht auf dem Dach des Domes sein Standbild aus Stein. Bis hinunter nach Holland finden wir am Rhein immer wieder Kirchen, die dem Heiligen Martin geweiht sind.

Die Heilige Elisabeth ist nicht alt geworden. Aber die Menschen haben sich nach ihrem Tod so viel von ihrem guten und heiligen Leben erzählt, daß gleich nach ihrem Tode eine Kirche über ihrem Grab erbaut wurde. Boten brachten die Nachricht von ihrem Leben nach Rom. Dort hat der damalige Papst schon vier Jahre nach ihrem Tode Elisabeth heilig gesprochen.

So können wir schreiben: Heilige Menschen sind ein Licht für die Welt.»

(Die Kinder schreiben den Tafeltext ab und zeichnen das Tafelbild: das Christuszeichen, auf den Säulenreihen die Galerie der Heiligen in Form kleiner Kreuzchen.)

Das Bild vom Petersplatz und die Aufnahme vom Kölner Dom bleiben im Klassenraum für einige Zeit hängen.

Die folgenden Stunden greifen das Lichtthema wieder auf, sie entfalten es am Beispiel des Martinus und der Elisabeth, endlich in weiteren drei Stunden am Leben Jesu.

Klemens Tilmann

Die Bekehrung zur Liebe als Grundlage der Erziehung

Grundsätze für den Umgang mit Kindern

Mehr als alle Methode wirkt in der Erziehung die innere Verfaßtheit des Erziehers. Nur aus ihr kann das Richtige im Umgang mit den Kindern und im einzelnen Tun hervorgehen. Umgekehrt kann man die richtige innere Haltung des Erziehers besonders gut am konkreten Tun deutlich machen, das aus ihr hervorgeht. Wir beginnen darum mit praktischen Verhaltensweisen, die wir nach Art von Grundsätzen vorlegen. Sie sind vor allem der Welt des Religionsunterrichtes entnommen.

1. Mache dir die Interessen der Kinder ganz zu eigen; suche ausschließlich das Gute für *sie* und nicht, was *dir* angenehm ist.

2. Verzichte auf jede Art des Angriffes; gib nie Anlaß, daß ein Kind sich dir gegenüber in Verteidigungshaltung und Abwehr begibt.

3. Glaube, daß jedes Kind im Grunde gut und richtig sein will, erkenne das ihm gegenüber an und verbinde dich mit dem Guten im Kind gegen den gemeinsamen Feind, das Böse.

4. Nimm jedes Kind voll und ernst. Sprich mit ihm so, daß es sich für seine Handlungen verantwortlich fühlt. Ersetze möglichst nie die Entscheidung für das Gute durch äußeren Zwang, sondern hilf ihm, sich frei für das Gute zu entscheiden.

5. Sage nie nach einer bösen Tat zu dem Kind: «Siehst du, so bist du», sondern «Wie war das nur möglich? Du bist doch gar nicht so!» So erweckst du den Glauben des Kindes an seinen guten Kern und trennst es vom Bösen.

6. Tadle nie die ganze Klasse, sondern sage immer: «Einige unter euch», «eine ganze Reihe von euch», denn das allein entspricht der Wahrheit; wir stehen ja nicht einer geschlossenen Verschwörung gegenüber. Es ist auch taktisch allein richtig; denn sonst stellst du dich allein gegen alle, während du dich so mit den Guten gegen einige Böse stellst – genauer: gegen das Böse, das einige getan haben – und dabei die Guten und die Schwankenden auf deine Seite ziehst.

7. Fühle dich durch keine Störung persönlich angegriffen oder beleidigt. Das führt nur zu Gegenangriffen. Handle, als seist du gar nicht betroffen, sondern nur sachlich für die Ordnung verantwortlich und lebendig an den Kindern interessiert. Wer immer seine kleinen «Feinde» wie Freunde behandelt und sich nicht aus dieser Haltung herauswerfen läßt, wird die Kinder umwandeln. Das ist übrigens die Methode, mit der Gandhi seine großen Erfolge erreicht hat. Und wir erinnern uns vielleicht überrascht an das Wort des Herrn: «Widersteht dem Bösen nicht!» (Mt 5,39) und an das andere Schriftwort: «Laß dich nicht vom Bösen überwinden, sondern überwinde das Böse durch das Gute» (Röm. 12,21).

8. Verletze nie die Ehre eines Kindes. Flüstere ihm lieber etwas ins Ohr, wodurch du es auf einen Fehler aufmerksam machst, als daß du es laut und vor allen tadelst und erniedrigst. Das verändert die Atmosphäre der Klasse.

9. Nörgle und stichle nicht. Die Kinder fühlen sich sonst verletzt und werden von deiner negativen Haltung angesteckt. Nörgeln führt nie zu einer Umkehr zum Guten, sondern zur Abwehr und zur Befestigung in der beanstandeten Verhaltensweise. Nörgler können nie Erfolg haben.

10. Verzichte grundsätzlich darauf, in Affekt und Ärger zu handeln. Verwandle allen Ärger in Liebe, Hilfe, sachliche Maßnahmen und ruhig-kraftvolles Durchgreifen, ohne die Grundhaltung der Güte aufzugeben. Wenn du einmal schimpfst, muß auch dieses aus der Haltung der Güte kommen.

11. Mußt du ein Kind strafen, so führe es zur Einsicht in das Unrecht und zum Bedauern desselben und frage es dann: «Was tun wir jetzt? Wie können wir das wieder in Ordnung bringen?» Oft wird das Kind selbst eine Tat der Genugtuung vorschlagen. Andernfalls schlage du ihm eine vor. Solches freiwillig übernommene Bußwerk führt zur innersten Besserung und verstockt nicht.
12. Hast du einmal eine schnelle Ohrfeige gegeben, so bedaure sogleich, daß das nötig war. Laß das Kind zugeben, daß es einen solchen Eingriff verdient hat, und wenn du allein mit ihm sprichst, verabrede mit ihm, daß das nie wieder nötig sein wird. Dann löst du es aus seiner negativen Einstellung.
13. Bedenke, daß jeder Mensch und darum auch jedes Kind nach Anerkennung hungert. Erkennst du alles Gute an ihm an, nimmst du aus jeder seiner richtig gemeinten Antworten das Zutreffende heraus und bejahst es, bevor du das Unrichtige verbesserst, hältst du das Kind im Grunde für besser, als es im Augenblick ist, so hast du die Liebe des Kindes gewonnen und es besser gemacht.
14. Trage das, was du von den Kindern willst, durch dein Verhalten in die Klasse hinein: Stille, Sammlung, Ruhe, Freundlichkeit, Herzlichkeit, Heiterkeit, Rücksicht, Achtung des anderen, Gehorsam gegen das Gesetz des Guten, Glaube und Liebe zu Gott und den Menschen. Diese hohen Haltungen können die Kinder unmöglich auf einen Befehl hin hervorbringen. Sie können sie nur am Vorbild sich abschauen und durch Übertragung empfangen.

Ist das ganze nun eine Methode und worin besteht sie? Wenn es eine ist, so besteht sie darin, daß man wichtigste psychologische Gesetze beachtet, die für den Umgang mit allen Menschen gelten. Im Grunde aber ist all dies mehr als eine Methode. Denn hier versuchen wir im tiefsten das Verhalten nachzuahmen, das Gott zu uns Menschen hat. Wir können es noch anders ausdrücken: Solcher Umgang mit dem Kind kann nur hervorgehen aus einer letzten, radikalen Bekehrung zur Nächstenliebe, aus der Loslösung von aller Herrschsucht, Bequemlichkeit, Eitelkeit, allem falschen Geltungsdrang, von Rache- und Machtgelüsten und Triumphierenwollen, von aller Rechthaberei. Mit schwächlicher Nachgiebigkeit hat das gar nichts zu tun. Es ist das Sehen, Anerkennen, Achten und Fördern des anderen, das Gönnen und Wohlwollen, das nicht herrschen, sondern dienen will. Wiederum fällt uns das Evangelium ein: «Wer unter euch groß sein will, sei euer Diener» (Mt 20,28). All das Gesagte ist die Verwirklichung der unbestechlichen, lauteren, selbstlosen Liebe, die in Wahrheit nicht sich sucht, sondern das Kind. Die genannten Grundsätze verlangen von uns eine tiefe, immer neue Bekehrung. Vielleicht bleiben wir immer nur auf dem Wege zu dieser im Grunde einzig richtigen und erfolgversprechenden «Methode».